新工科建设之路 · 人工智能系列教材

U0164925

ARTIFICIAL

INTELLIGENCE

基于AI的虚拟主播设计

何加亮 吴欣蕊 编 著

电子工业出版社·
Publishing House of Electronics Industry
北京 · BEIJING

内 容 简 介

本书主要介绍基于 AI 的虚拟主播的起源、现状、发展、未来，以及虚拟主播的技术理论与实现路径。全书分 4 篇，共 9 章，内容包括虚拟人、虚拟主播、AI 与虚拟人、相关技术介绍、3D 模型制作、语音合成、多模态融合、虚拟主播的动作实现和虚拟主播的未来展望。其中还涉及 DAZ Studio、Maya、Premiere Pro 等软件的使用方法。

本书可作为高等院校智能科学与技术、虚拟现实、数字媒体等专业虚拟人相关课程的教材，也可供对虚拟人和虚拟主播技术感兴趣的人员参考。

未经许可，不得以任何方式复制或抄袭本书之部分或全部内容。

版权所有，侵权必究。

图书在版编目 (CIP) 数据

基于 AI 的虚拟主播设计 / 何加亮，吴欣蕊编著. —北京：电子工业出版社，2022.12

ISBN 978-7-121-44653-5

Ⅰ. ①基… Ⅱ. ①何… ②吴… Ⅲ. ①虚拟现实—应用—传播媒介—研究 Ⅳ. ①G206.2-39

中国版本图书馆 CIP 数据核字 (2022) 第 236261 号

责任编辑：张　鑫
印　　刷：北京雁林吉兆印刷有限公司
装　　订：北京雁林吉兆印刷有限公司
出版发行：电子工业出版社
　　　　　北京市海淀区万寿路 173 信箱　　　邮编：100036
开　　本：787×1 092　1/16　印张：11.25　　字数：246 千字
版　　次：2022 年 12 月第 1 版
印　　次：2022 年 12 月第 1 次印刷
定　　价：48.00 元

PERFACE 前言

　　21 世纪，人类社会迈入信息时代，电视、台式计算机、移动终端等设备成为人们获取信息的主要渠道，但新闻主播播报新闻仍是人们获取新闻信息的主流方式。随着人工智能技术的不断发展，基于人工智能的虚拟主播以其高效的工作模式、无差错的语音播报、无间歇的深度学习等多重优势，为新闻主播分担工作任务，并在信息爆炸且快节奏的大数据时代，以更短的时间实现更高的工作效率，提高用户观感体验，提升新闻内容的生产效率。

　　2019 年，搜狗公司与新华社联合推出全球首个站立式 AI 虚拟女主播——新小萌，虚拟主播结合肢体动作，将"坐式播报"变为"站立式播报"，开创了播报新风向。2021 年 10 月，国家广播电视总局发布《广播电视和网络视听"十四五"科技发展规划》，其中提出："加快推进制播系统向全 IP 技术架构转变。推动面向互联网、云平台的 IP 化制播标准体系建设，加快制定全 IP 化制播标准。"虚拟主播是当前人工智能领域乃至计算机领域最热门的话题之一。近两年，虚拟主播主要应用于广播电视领域，并且随着技术的不断发展和趋于成熟，虚拟主播将在广播电视行业扮演越来越重要的角色。

　　本书主要介绍虚拟主播的"前世今生"，不仅介绍虚拟主播的背景、现状及未来等前沿信息，而且还介绍相关虚拟技术与实现路径。本书在带动读者了解科技前沿技术和市场前景，让读者深入其境的同时，为读者提供了可操作、可实践的虚拟主播的具体实现方式，即在理论基础上进行实践。这样既提升了读者阅读的兴趣，又增强了读者的动手实现能力。

　　本书分 4 篇，共 9 章。

　　第 1 到 3 章为介绍篇。本篇按照虚拟人、虚拟主播及 AI 与虚拟人的顺序一步步揭开虚拟主播的面纱，开篇有益，让读者对虚拟主播的概念、职能有一定的了解。

　　第 4 章为技术篇。本篇详细介绍实现虚拟主播所需的关键技术，包括三维重建、自然语言处理技术与语音合成技术、多模态融合技术等。

　　第 5 到 8 章为实践篇。本篇重点讲解如何从技术角度实现一个虚拟主播。其中针对涉及的每个关键技术，都会详细介绍应用软件实现虚拟主播的具体步骤，所应用的软件包括 DAZ Studio、Maya、Premiere Pro。

第 9 章为展望篇。本篇论述本书所制作的虚拟主播的不足与提升方法、虚拟主播发展所面临的挑战与未来应用前景，并对虚拟主播与传统主播的关系——"融合"或"取代"进行了讨论。

本书体系清晰，通俗易懂，紧扣科技前沿信息，理论与实践紧密结合，可作为高等院校智能科学与技术、虚拟现实、数字媒体等专业虚拟人相关课程的教材，也可供对虚拟人和虚拟主播技术感兴趣的人员参考。

本书由何加亮、吴欣蕊编著。

由于编者水平有限，加之编写时间仓促，书中难免存在不当之处，恳请广大读者批评指正。

编　者

2022 年 7 月

CONTENTS

目 录

实 践 篇

展 望 篇

介 绍 篇

第1章
虚　拟　人

本章主要介绍虚拟人的定义、发展环境、产业链的形成与发展，以及虚拟数字人在行业中的应用。"什么是虚拟人？""虚拟人的发展是怎样的？""它们又是如何存在于我们的生活中的呢？"本章将一一解答这些问题。

1.1　关于"虚拟人"

1．虚拟人的定义

虚拟人是利用计算机图形（Computer Graphic, CG）技术创造出的与人类形象接近的数字化形象。人们赋予其特定的人物身份，在视觉上拉近它与人的心理距离，使其带来更加真实的情感互动。

以"虚拟人"为开端，出现了数字人、虚拟人及虚拟数字人三个概念，从定义特征的角度，数字人的范畴包含虚拟人，虚拟人的范畴包含虚拟数字人，如图 1-1 所示。当不要求"虚拟人"必须具备交互能力时，数字人、虚拟人和虚拟数字人这三个概念可认为是等同的。

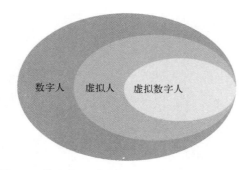

图 1-1　数字人、虚拟人与虚拟数字人的关系图

在严格意义界定下，它们之间存在着细微的差别。虚拟人不存在于现实世界中，因此虚拟人的身份是虚构的；数字人强调该角色存在于数字世界中；虚拟数字人主要强调

其虚拟身份和数字化制作特性。其实，在我们的生活中，更多存在的是应用多项技术进行数字化制作，被赋予虚拟身份的虚拟数字人。

2. 虚拟数字人的特征

虚拟数字人的特征可以拆分为"虚拟"、"数字"及"人"三部分，如图 1-2 所示。

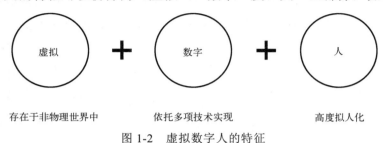

图 1-2　虚拟数字人的特征

（1）虚拟

"虚拟"指存在于非物理世界中。

目前，虚拟数字人主要以图像、视频、直播或实时动画等方式，借助 App、小程序等渠道，通过手机、电视、计算机等电子设备，融入人们的生活。随着计算机及通信技术的发展与进步，虚拟现实（Virtual Reality，VR）设备与全息投影也将成为虚拟数字人的重要存在方式。

虚拟数字人存在于非物理世界中，随着其展示方式的多样化（如视频录制、实时直播等），实现难度是不同的。相比视频录制的内容生成，实时直播就需要实现低时延。而且，驱动方式等的不同，对技术、运营等的要求也存在较大差异。

（2）数字

"数字"指依托多项技术实现。

虚拟数字人是典型的多技术综合产物。除计算机图形建模+真人驱动的实现技术外，多模态技术与深度学习也是其核心实现技术。近年来，虚拟数字人利用计算机进行视觉设计与生产，语音识别、动作捕捉等技术的成熟，为虚拟数字人的迅速发展提供了重要推动力。

（3）人

"人"指在外表、行为、交互等方面高度拟人化，如图 1-3 所示。

外表：虚拟数字人的面部与整体形象。虚拟数字人的所属类别（如使用真人形象、高保真建模、风格化等）、制作细节（如对汗毛、皮肤、头发等进行精细化建模）、渲染水平、设计审美等因素将影响虚拟数字人的外表制作。

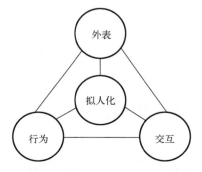

图 1-3　虚拟数字人——"人"的体现

行为：虚拟数字人的面部表情、形体表达、语音表达等。虚拟数字人的驱动方式（如真人驱动、计算驱动、预制调节等）、驱动模型类别（如精细面部肌肉驱动，语音合成模型中对语气词、韵律的处理等）、训练数据、驱动模型精度等因素将影响虚拟数字人的行为表现。

交互：虚拟数字人与现实世界的交互水平，包括回答内容、肢体反应等。语音识别能力、自然语言理解及处理水平、知识图谱、预先设置知识库等因素会对虚拟数字人的交互产生影响。

虚拟数字人中的"人"是其核心要素。高度拟人化为用户带来亲切感、关怀感与沉浸感，因此外在表现真实化和交互效果提升已成为虚拟数字人的核心发展路线，同时也成为用户的核心使用动力。能否为用户提供足够自然逼真的相处体验，将成为虚拟数字人在各个场景中取代真人、完成交互方式升级的重要标准。

人格象征、图形维度和驱动类型是虚拟数字人常见的分类依据，如图 1-4 所示。根据人格象征，虚拟数字人可分为虚拟 IP 和虚拟世界第二分身；根据图形维度，虚拟数字人可分为 2D 人物和 3D 人物两种，从外形风格上又可分为卡通、超写实等，综合来看还可分为二次元、3D 卡通、3D 超写实、真人形象 4 种类型；根据驱动类型，虚拟数字人可分为智能驱动和真人驱动两种。智能驱动型虚拟数字人主要通过智能系统读取并识别外界信息，根据解析结果进行决策，之后驱动人物模型与用户交互。真人驱动型虚拟数字人通过动作捕捉设备采集真人的表情、动作，并将其呈现在虚拟数字人形象上，从而实现与用户交互。

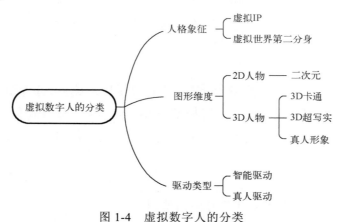

图 1-4　虚拟数字人的分类

1.2　虚拟人的市场

本节主要介绍虚拟人的发展环境、产业链及市场规模。

1．虚拟人的发展环境

虚拟人的蓬勃发展离不开有利于其发展的"土壤"——发展环境，如图 1-5 所示。

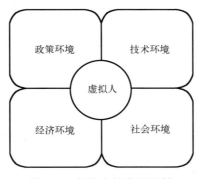

图 1-5　虚拟人的发展环境

（1）政策环境

当前，人工智能（Artificial Intelligence，AI）进入高速发展阶段，世界各国已经把发展人工智能作为提升国家综合竞争力的重大战略，我国也高度重视人工智能的发展，不断出台国家战略来推动人工智能的发展。2017 年，国务院发布的《新一代人工智能发展规划》是对我国人工智能发展的顶层设计，该政策为我国人工智能未来发展指明了方向。2019 年，政府工作报告中首次提出"智能+"概念，促进人工智能快速与经济社会各领域相融合。2021 年 3 月，《中华人民共和国国民经济和社会发展第十四个五年规划和 2035 年远景目标纲要》中多次提到"智能""智慧""机器人"，表明以人工智能为代表的新一代信息技术将成为推动我国经济高质量发展的重要技术保障和核心驱动力。2021 年 10 月，国家广播电视总局发布《广播电视和网络视听"十四五"科技发展规划》，其中提出：加快推进制播系统向全 IP 技术架构转变。推动面向互联网、云平台的 IP 化制播标准体系建设，加快制定全 IP 化制播标准。强化人工智能、大数据、区块链在内容选题、素材集成、编辑制作、内容审核、媒资管理、字幕制作等环节的应用，促进制播流程智能化。推动虚拟主播、动画手语广泛应用于新闻播报、天气预报、综艺科教等节目生产，创新节目形态，提高制播效率和智能化水平。

从 2017 年的"加快人工智能等技术研发和转化"，到 2018 年"加强新一代人工智能应用"，再到 2020 年"深化大数据、人工智能等研发应用"，这一系列关键词的出现，表明我国人工智能产业已经从初步发展阶段步入快速发展阶段，这为虚拟人的发展提供了优越的政策环境。

（2）技术环境

"声行并茂"的虚拟人离不开技术环境的支持，"声行并茂"的背后是外貌、行为与思想三个基本特征。而这三大特征的背后是大量技术栈的支撑，涉及众多技术领域，如AI 技术、实时渲染技术、3D 建模技术及动作捕捉技术等。

在物联网时代，算力的提升，通信的加速，计算机视觉、深度学习、语音合成等技术取得突破并不断发展与进步，3D成像传感器和VR技术的日益成熟，都在为虚拟人的发展质量提供技术保障。

（3）经济环境

2020年，我国人均年教育文化娱乐消费支出比2019年有所下降，但总体保持稳定增长态势。2021年，我国人均年教育文化娱乐消费为2559元，占人均消费总支出的10.8%。

随着数字经济的发展，产业结构加快转型，信息获取成本呈指数级降低，电子设备（手机、计算机）和网络（4G、5G）普及率提升，人们在教育文化娱乐方面的消费水平逐渐提高，消费结构逐步升级，消费者更加注重精神消费，未来在教育文化娱乐消费方面的需求将会增加，良好的经济环境为虚拟人产业提供了经济发展推动力。

（4）社会环境

"Z世代"逐渐成为消费主力，用户偏好重塑产业形态，而这些消费主力对虚拟人的需求较大，促使虚拟人产业蓬勃发展。VR逐渐成为人们的一种生存境遇和发展条件，就像电影《头号玩家》中的"绿洲"一样。

同时，虚拟IP代言成为现实，品牌打造符合自身文化和品牌调性的虚拟形象代言人，使其成为与年轻人建立沟通的突破口。超级IP品牌效应的扩大，虚拟形象代言人正帮助品牌迅速吸引年轻人的注意力，助力品牌俘获更多目标用户，也为虚拟人提供了新的产业模式。

2．虚拟人的产业链

随着虚拟人的发展环境日益成熟，虚拟人的应用范围不断扩大，虚拟人的产业链正在逐步形成（如图1-6所示）并不断丰富，相应的商业模式也在持续演进和多元化发展。

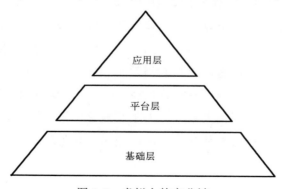

图1-6　虚拟人的产业链

（1）基础层：企业深耕软硬件行业，具有深厚技术壁垒

基础层为虚拟人提供基础软硬件支撑。硬件包括显示设备、光学器件、传感器、芯

片等，软件包括建模软件、驱动软件、渲染引擎等，如图 1-7 所示。显示设备是虚拟人的载体，既包括手机、电视、投影仪、LED 显示屏等 2D 显示设备，又包括裸眼立体显示器、AR 设备、VR 设备等 3D 显示设备。光学器件用于视觉传感器、用户显示器的制作。传感器用于虚拟人原始数据及用户数据的采集。芯片用于传感器数据预处理和虚拟人模型渲染、AI 计算。建模软件能够对虚拟人的形体、衣物进行三维建模。渲染引擎能够对灯光、毛发、衣物等进行渲染。

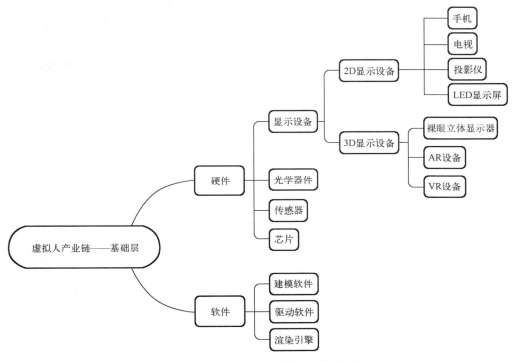

图 1-7　虚拟人产业链——基础层

（2）平台层：提供多元技术支持，赋予虚拟人真实感及灵动感

平台层包括软硬件系统、生产技术服务平台、AI 能力平台，为虚拟人的制作及开发提供技术支持。建模系统和动作捕捉系统通过产业链上游的传感器、光学器件等硬件获取真人/实物的各类信息，利用软件算法实现人物建模、动作重现；渲染平台用于模型的云端渲染。平台层汇聚的企业较多，腾讯、百度、搜狗、相芯科技等均有提供虚拟人相应技术的服务平台。

（3）应用层：带领虚拟人切入商业化赛道

应用层上，虚拟人技术结合实际应用场景，切入各行各业，形成行业应用解决方案，赋能行业领域。不同外形、不同功能的虚拟人赋能影视、传媒、游戏、金融、文旅等领域，已经出现了娱乐型虚拟人（如虚拟主播、虚拟偶像）、教育型虚拟人（如虚拟教师）、助手型虚拟人（如虚拟客服、虚拟导游、智能助手）、影视虚拟人（如替身演员、虚拟演员）等。

随着 AI、5G、VR 等新技术的融合发展，虚拟人产业链不断完善，虚拟人将向更多的行业和岗位发展。

3．虚拟人的市场规模

2021 年，我国虚拟人核心市场规模为 62.2 亿元，其带动的产业市场规模为 1074.9 亿元。预计到 2025 年，这两组数据将分别为 480.6 亿元和 6402.7 亿元，呈现出强劲的增长态势。

虚拟数字人根据产业应用可分为身份型虚拟数字人和服务型虚拟数字人，如图 1-8 所示。预计到 2030 年，我国虚拟数字人市场规模将达到 2703 亿元。其中，得益于虚拟 IP/偶像的巨大潜力及虚拟第二分身的起步，身份型虚拟数字人将占据主导地位，市场规模约 1747.2 亿元。服务型虚拟数字人则相对稳定发展，替代真人服务的虚拟数字人市场规模将增长至 840.2 亿元，多种对话式服务将升级至虚拟数字人形态，多模态 AI 助手市场规模将达到 115.2 亿元，服务型虚拟数字人总规模将超过 950 亿元，如图 1-9 所示。

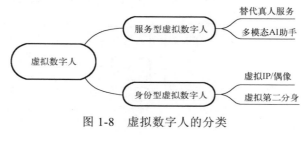

图 1-8　虚拟数字人的分类

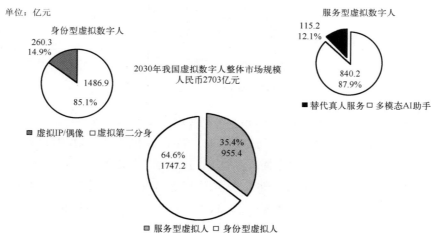

图 1-9　2030 年我国虚拟数字人整体市场规模（来源于《量子位虚拟数字人深度产业报告》）

1.3　虚拟数字人的应用

本节从影视、游戏、娱乐等与人们生活密切相关的领域举例介绍虚拟数字人的应用，以期读者可以感受到虚拟数字人并不是虚拟构造出的概念，而是应用于我们的生活，离我们的生活很近，甚至就在我们身边。

1．影视领域的虚拟数字人

谈及影视领域的虚拟数字人，就不得不提 2009 年风靡全球的电影——卡梅隆执导的《阿凡达》，如图 1-10 所示。全片以 CG 技术塑造了一批生动逼真的虚拟数字人，有声有色地刻画出了潘多拉星球上的纳美人，无论是他们的表情演绎还是眼神变化，都做到了细腻而自然，其体型和肢体动作也十分接近人类，甚至能达到真人的程度。

图 1-10　电影《阿凡达》

2019 年，二十世纪福克斯电影公司出品的科幻电影《阿丽塔：战斗天使》中，主角阿丽塔的人物构成包含超 830 万个多边形的眼部 CG 模型、近 50 万根面部绒毛、超 13 万根头发及 7000 多个躯干精细零部件等，如图 1-11 所示。在角色塑造上，更是连眉毛向上动的精细动作都做到了极致，这让虚拟数字人的形象塑造达到了逼真度的巅峰级别。

图 1-11　电影《阿丽塔：战斗天使》

2. 游戏领域的虚拟数字人

《赛博朋克2077》是一款开放式角色扮演类游戏，由波兰CDPR团队推出，生动地描绘了未来世界背景下独特的赛博风格，如图1-12所示。该游戏给玩家提供可为自己制作游戏形象的系统，系统提供的形象塑造服务可以细致到塑造人物角色的牙齿和指甲等身体部位。玩家完成制作后，可在游戏中展示并应用塑造后的虚拟数字人物形象。

图1-12　游戏《赛博朋克2077》

《永劫无间》是由国内二十四工作室制作的多人动作竞技类游戏，该游戏以玄幻的虚拟世界为背景，具有浓厚的东方色彩，如图1-13所示，玩家可以自主创造人物角色形象。因该游戏提供的角色十分灵动，画质高清，渲染优质，许多玩家都会花几小时塑造一个完美的虚拟数字人物形象。

图1-13　游戏《永劫无间》

3．娱乐领域的虚拟数字人

（1）虚拟歌手

2007 年，日本推出的以语音合成程序为基础开发的音源库"初音未来"，成为首个现象级虚拟歌手。作为二次元虚拟歌手的代表人物之一，她以甜美的外貌和歌声吸引了不少流量，成为虚拟数字人进军娱乐领域的标志性事件。在此后相当长的一段时间内，虚拟数字人大多以动漫、游戏形象为主，集中应用于影视娱乐业。

2012 年，上海禾念信息科技有限公司推出了国内著名的虚拟歌手洛天依。洛天依在 2022 年"相约北京"奥林匹克文化节暨第 22 届"相约北京"国际艺术节开幕式上演唱歌曲 *Time to Shine*；在 2022 年中央广播电视总台元宵晚会上，与刘宇宁合作演唱歌曲 *Time to Shine*，如图 1-14 所示。洛天依作为国内早期登上大众舞台的虚拟数字人，为提高虚拟数字人的社会认知度做出了贡献，也获得了行业和社会的认可。

图 1-14　虚拟歌手洛天依

（2）虚拟偶像

虚拟偶像没有实体，只具备拟人化的特征，而且其外貌可根据创造者的意愿改变，具有可以最大限度迎合各阶段大众审美的特点。

2016 年，Lil Miquela 在美国的成功出道使虚拟偶像的外貌向超写实迈进，高度拟人的外貌让她得到了很多人的关注。与初音未来、洛天依等虚拟歌手依靠歌声起步不同，Lil Miquela（如图 1-15 所示）是扎着双丸子头的模特兼歌手，更像一个真实存在的虚拟偶像，较好的外形和大量的粉丝为她争取到了很多广告和代言。Lil Miquela 的出现标志着虚拟数字人赛道开始成型，创造者越来越注重虚拟数字人的商业化应用。国内很快也陆续出现了类似的虚拟偶像，如国风虚拟偶像翎_Ling（如图 1-16 所示）、AYAYI（如图 1-17 所示）等。

图 1-15　虚拟偶像 Lil Miquela（制作公司：Brud）

图 1-16　AI 国风虚拟偶像翎_Ling（制作公司：魔珐科技和次世文化）

图 1-17　虚拟偶像 AYAYI（制作公司：上海燃麦网络）

（3）虚拟网红

2021 年 10 月 31 日，一个名为"柳夜熙"（如图 1-18 所示）的短视频账号依靠"她"的第一条短视频吸粉无数，这个会捉妖的虚拟美妆网红，加上视频中悬疑惊悚的剧情、电影的质感及赛博朋克的画风，成功一夜爆红。在两个月内，该账号共发布 5 条视频，拥有粉丝 836 万。"元宇宙""虚拟网红""美妆"这三大关键词作为柳夜熙的标签，使她的出现极具话题性。而柳夜熙出现的最大惊喜是其"讲故事"的方式，她的视频风格打破了"网红式套路"，转向剧情化的"出道"方式。由此可见，虚拟网红可以衍生出各种角色，给观众带来更大的想象空间。

图 1-18　虚拟网红柳夜熙（制作公司：创壹科技）

另外，虚拟数字人还可以应用于：金融领域，如智能理财顾问、智能客服等，提供以客户为中心的、智能高效的个性化服务，优化完善金融行业服务流程；医疗领域，如虚拟家庭陪护、虚拟家庭医生等，降低患者前往医院排队挂号的不便性，并为患者提供居家就可体验的健康检测优质服务；教育领域，虚拟教师可为学生构建个性化学习环境，以 VR/AR 的方式提供场景式教育环境，相比传统教学方式来说效率更高，与学生的互动性更强。

随着人们对虚拟内容需求的增加，以及消费级 VR 硬件的快速发展，虚拟数字人的发展也进入了快车道。未来，虚拟数字人将进一步促进相关技术的升级并扩展其实际应用场景。

第2章
虚拟主播

本章主要介绍虚拟主播,包括主播的职业性质、虚拟主播的优势及虚拟主播"出道"。

2.1 主播是什么样的职业

本节主要介绍主播及其职能、行业中的不同主播、传统主播及其主体地位。

2.1.1 主播及其职能

主播是指主持人型播音员,简单来讲,就是为现成的文稿提供声音播报,主持过程中"自我发挥"的内容占比很大。主播比播音员要多做许多工作,是播音员和主持人的综合体。例如,一般的播音员按稿件播读即可,而主播需要担任主持并做很多准备工作。随着时代发展,"主播"的概念不断发生变化,衍生出了很多新的主播岗位,后续详细介绍。

随着互联网技术的发展,一些新兴技术使内容生产越来越便利,甚至很多用户也加入了内容制作的行列,使得持有移动智能终端的人可以成为大众传播活动中内容生产者的一员,"人人都可成主播"标志着泛主播时代已经到来。

在泛主播时代,主播的定义和范畴从传统媒体的播音主持人,扩大到互联网视频节目的创作者。在此背景下,网络主播以新颖的形式、灵活轻松的口语表达及个性化的内容获得了受众的高关注度,网络主播成为大量受众的优先选择。泛主播时代改变了传统主播的传播主体地位。因此,传统主播和网络主播如何相互借鉴,把握住新媒体传播规律与受众需求,减少在传播中出现的问题,优化和壮大引导正能量的传播力量,是目前重点研究的内容。

2.1.2 行业中的不同主播

主播一开始的定义更趋近于读报类节目主持人或民生类节目主持人。随着主播职业的发展变迁，行业开始要求主播拥有深厚的新闻职业素养和知识积累、敏捷的思维及优秀的语言组织表达能力。例如，《南京零距离》的孟非，经常在节目中给观众讲新闻的背景和相关知识，而且信手拈来，无稿播音也能滔滔不绝，这就是"主播"。

通常主播可分为以下两种类型。

（1）传统主播

传统意义上的"主播"是从英语单词"anchor"翻译过来的。作为广播电视行业起步最早的国家，美国最早出现了主播这一职业。"主播"有狭义和广义之分。狭义的"主播"专指在新闻节目中处于核心位置的播音员、主持人或者评论员；广义的"主播"是指主持各类节目、用自身的语言表达能力使节目可以顺利进行的人。

（2）非传统主播

非传统主播指各大平台以娱乐、直播带货、游戏等为主题进行直播的主播。具有代表性的娱乐主播，是目前数量最多的主播类型，也是大多数直播平台的主力军；电商主播，在直播平台上宣传或销售商品；游戏主播，是发展最早的主播类型，在各类游戏越来越受欢迎的今天，一些职业选手拥有一定的忠实粉丝；顾问主播，不是常见的主播类型，涉及法律咨询、情感咨询、心理指导等领域，真正做好顾问主播需要有足够的相关领域专业知识和生活经验，入行门槛较高。

非传统主播在直播平台上的优势是可以自由地与观众互动，交互性强，在直播平台上使用弹幕或者留言都能实现与粉丝的沟通，直播风格大多是轻松愉快的。其特点是具有非事件性，传统主播以"快"为目的，旨在快速简要地向受众传达新闻内容，而非传统主播的直播本身具有自我阐释的功能，通常一直播出自己擅长的内容；具有原生态性，传统主播需要缜密的前期准备工作，大到严谨撰写新闻稿，小到把握切景时间，尽力做到零失误，而非传统主播的直播没有严格的主持环节，原生态、真实地展现直播的细节；伴随式且自主选择性强，用户可以在观看直播的同时处理其他事情，也可以在多个直播中切换，自主选择观看的时间和方式，因为非传统主播的直播内容并不紧凑，而且其存在的意义也是带有陪伴目的的。

2.1.3 传统主播及其主体地位

时代包容性增强，智能手机普及，互联网科技迅速发展，这些都证明融媒体时代的到来是一种必然。各种单一发展形式的媒体冲破了固有的束缚，开始融会贯通，使受众能够通过更广泛的方式获取新闻信息，在最短的时间内获取多元化的内容，使整个传播体系产生层次上的升华。随着微博、抖音等 App 吸引大量用户，这些新媒体成为大多数年轻人获取新闻信息的渠道。因此，在竞争压力骤然增大、生存空间变小的情况下，传统主播面临的挑战不容忽视，传统主播更应紧跟时代，把握机遇，取长补短，夯实自己的主体地位。以传统新闻主播为例，建议如下。

第一，传统新闻主播应看到新媒体的优势，取长补短，使新闻媒体的功效得到更好的发挥。新媒体在信息化的背景下，可以在网络上实现高效多元的信息传播活动，依靠线上直播可以向更多人传播重要的线下活动，同时新闻与娱乐内容的协调平衡使新媒体越来越受年轻人欢迎。传统媒体与新媒体进行有效融合能够增强集聚效应，吸引新的受众，还能使传统新闻主播有更大的发挥空间，通过不同形式扩大影响力，同时对所属新闻媒体产生积极的推动作用。

第二，传统新闻主播应在保持传统媒体自身优势的基础上，使媒体融合多层次、宽领域地发展。在融媒体时代，传统新闻媒体主流地位尚在，因其格局高及国际视野极强，且任用的新闻主播也皆为业界的高素质人才，全国仍有大量受众在持续关注。

第三，传统媒体应增加"亲民度"。首先，应运而生的自媒体井喷式发展，以势不可挡的趋势迅速占有媒体市场，大多数年轻人都有自己的自媒体账号，且更偏向于选择从新媒体上获取信息资源。如抖音、快手这类人群覆盖面广的新媒体更加具有优势，导致传统媒体拥有绝对话语权的优势不再明显，加上其没有新媒体"亲民"、形式多样化的特点，使其固有的受众逐渐流失。其次，因为受到新媒体的冲击，传统媒体原有的一些劣势被放大，如新闻时效性优势减弱、发展后劲不足等。最后，由于播报形式和内容较为单一，传统媒体不能适应如今的市场需求，传统新闻主播以固有的播报风格进行纯粹的语音输出缺乏个性，导致新闻节目失去品牌效应，年轻受众逐渐流失。面对传统媒体话语权不断减弱的现实情况，新闻主播要有效融合新媒体以打造品牌栏目，例如，新闻主播可以在多种平台上注册账号并发布节目专题内容；新闻选材上要优中选优，保证过硬的节目质量。

第四，传统新闻主播作为主流舆论的引领者，需要与时俱进、提高专业能力，着力于寻找适合自己的语言风格。但传统新闻主播工作环境、语态和语境类型相对固定，缺乏主观能动性，导致新闻播报呈现传统的"文本化""书面化"，降低了受众的新鲜感。传统新闻主播应抓住语言的社会属性，融入幽默诙谐、平易近人、一针见血等语言特点，增强节目吸引力。在融媒体时代，主播不再是最后一个环节的"播音员"，而要成为综合素质极强的全能型主播。主播既要有丰富的专业知识，又要能在面对不同阶段出现的新型媒体形式时做到游刃有余，这样才能增强其核心竞争力。

第五，传统新闻主播要重视用户需求。新闻讲求"闻者晓其事"，即将新闻传递给受众，但是融媒体时代的新闻主播面对固有受众数量流失的情况要树立用户意识。一方面，满足受众多样化需求，增强受众持续关注意愿。用户意识可以为媒体提供用户对新闻的需求及各种用户的喜好。新闻主播要根据不同条件细分用户，适应用户不断增强的自主选择意识。另一方面，激发用户的情感共鸣。主播沉浸式地播报新闻，用户亦能沉浸式地感受新闻，从而激发其情感共鸣。

2.2 虚拟主播的优势

相较于真人主播，虚拟主播具有一定优势，主要体现在以下几方面。

1. 全天候待命与超低错误率

传统的新闻播报一直以来都由播音主持专业的人员完成，而虚拟主播的出现使其中的一部分任务无须由真人操作。随着智能语音技术逐渐普及，虚拟主播能胜任的岗位越来越多，而且与真人主播相比，其有一个突出的优点——能全天候待命，并在有任务需求时立刻进入状态。另外，虚拟主播还可以借助软件快速完成新闻稿的生产，从而保证极高的效率，这显然不是真人主播可以保持的工作强度。

虚拟主播的语音播报基于编程、数据库及真人主播的语音采样，可以达到超低错误率，这是虚拟主播能保持全天候无差错播报新闻的原因。真人主播在生产稿件及语音播报过程中，容易受到外界影响，这一点即使是资深主播也不能完全避免。一方面，长时间的工作会使真人主播难以一直保持专注力，从而使正确率降低。另一方面，在吵闹的环境下容易分散注意力，影响语音播报的质量。虚拟主播在降低错误率方面可以通过大数据、深度学习等技术直接获得真人主播身经百战才能积累到的经验和能力。

2. 实验阶段短，培养成本低，能立即上岗

培养出实力强、业务水平高的真人主播需要几年甚至十几年，而且"新人"要在节目中不断积累经验、提升自身能力，因此培养成本必然很高，淘汰率也高。

在 AI 技术飞速发展的今天，虚拟主播能在诞生之前就拥有由无数播报员积累的经验，并且依靠深度学习技术对其进行分析利用。一开始就有非凡、庞大的学习资源，能省去大量的培养时间和成本。

3. 不受环境影响的业务能力

为了保持新闻节目的丰富性和多样性，外景记者播报和实时直播连线是电视新闻节目的常备环节，拥有"实体"的虚拟主播本质上是无生命体的虚拟人，在很多方面比真人更适合外景播报。例如，在需要播报泥石流、台风、海啸等严重自然灾害现场时，虚拟主播就能体现出其优势，媒体可以使用无人机等拍摄装备近距离拍摄实景和实时转播，在无人员伤亡的情况下展示极端恶劣的现场环境，虚拟主播与实景融合，为观众实时播报相关新闻事件。

4．利用数据库共享实现"无所不知"

人们期待的优秀的主持人应该是上知天文下知地理、历史人文皆不在话下的"通才"，这也自然而然地成为一名王牌主持人的标准。尤其是在一些访谈类节目中，如果主持人在这个知识领域的储备量不够，或没有提前做好充足的准备，在与专家交谈或提出学术性问题时，就会造成尴尬的局面，若再加上随机应变能力不足，甚至会导致节目事故的发生。而这些专业知识的储备并不能难倒虚拟主播，他们"与生俱来"的资料库和学习能力，使其可以轻松胜任访谈类节目的主持人，并与各个领域的专家交谈。

2.3　虚拟主播"出道"

2001 年，传媒行业迎来了"开天辟地的创举"——世界首位虚拟主持人"阿娜诺娃"（Ananova）诞生了，如图 2-1 所示。CNN 描述其为"一个可播报新闻、体育、天气等的虚拟播音员，堪比一个真实的有血有肉的主播"。不过阿娜诺娃是一个仅有头部动画、表情也略显僵硬的 2D 虚拟人物，但因其具有可以根据新闻脚本快速生成视频，并 24 小时连续播报的特点，在全球掀起一阵打造"虚拟主持人"的热潮。例如，日本推出了"寺井有纪"（Yuki），中国推出了歌手虚拟主持人"阿拉娜"（Alana），美国推出了"薇薇安"（Vivian），韩国推出了"露西雅"（Lusia）。

图 2-1　世界首位虚拟主持人"阿娜诺娃"

2004 年，CCTV-6 电影频道推出了我国首位虚拟电视节目主持人——"小龙"，如图 2-2 所示。"小龙"是采用 CG 技术生成的 3D 动画人物，结合刘德华、梁朝伟及金城武的面部优势特征，并且拥有 175 厘米的身高，在 CCTV-6 播出的栏目《光影周刊》中亮相。

由于当时制作技术尚未成熟，无法支持虚拟主播的进一步发展，自此之后十余年的时间，虚拟主播行业发展停滞不前。

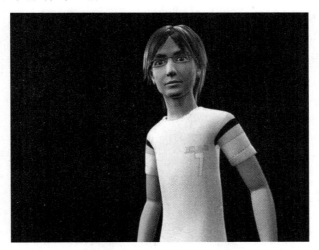

图 2-2　我国首位虚拟电视节目主持人"小龙"

直到 2016 年，一位自称"超级 AI"的虚拟主播"绊爱"（Kizunaai）在 YouTube 上首次亮相。"绊爱"与早期的虚拟主持人不同，是通过对真人的动作捕捉，控制其模型的动作与面部表情实现，后期再通过配音实现语音口型的对应，最终实现直播或者视频录制的。虚拟主播"绊爱"的出现在一定程度上促进了 AI 虚拟主播的发展。

随着语音识别技术及 AI 技术的不断发展，新一轮 AI 虚拟主播热潮正在兴起。2018 年 5 月，科大讯飞携手相芯科技打造了虚拟主持人"康晓辉"。在央视新闻频道的特别报道《直播长江》中，虚拟主持人"康晓辉"不仅与央视记者在现场进行对话互动，还在现场表演了绕口令，声音和形象都栩栩如生。虚拟主持人"康晓辉"的出现，促进了 AI 虚拟主播在新闻传播行业的发展，AI 虚拟主播进入蓬勃发展时期。

2019 年，搜狗公司与新华社联合推出全球首个站立式 AI 虚拟女主播——新小萌，并且"新小萌"在全国两会报道中正式上岗，带着手势、姿态等多种肢体动作声情并茂地为观众播报两会内容。AI 虚拟主播在两会报道中的出现，让观众对两会有了更深切的感受，体验更加丰富。

2020 年 5 月，搜狗公司联合新华社共同推出的全国首位 3D 版 AI 虚拟主播"新小微"正式亮相，并为全国观众带来最新的两会报道。只需在系统中输入文字，"新小微"就可根据语义声情并茂地进行内容播报，嘴唇、肢体、表情与语义高度契合，自然逼真。搜狗公司负责人表示，随着技术的发展及系统的迭代更新，虚拟主播的工作空间会更大，未来的"新小微"有望走出演播室，在不同场景中满足观众的多样化需求，并提供真实的新闻播报。

2021 年 11 月，长江日报报业集团与科大讯飞共同推出长江日报 AI 虚拟主播"小晴"和"小江"，如图 2-3 所示。两位虚拟主播目前在长江日报主要主持《今日大武汉》、《AI 说武汉》和《AI 主播说热点》三档节目。其中，《AI 主播说热点》是一档人机对话节目，两位虚拟主播分别与真人主播搭档，对热点新闻进行点评解读。虽然他们是虚拟主播，但"小晴"和"小江"与真人主播搭档时毫不逊色，新闻播报字正腔圆、铿锵有力。

图 2-3　AI 虚拟主播"小晴"和"小江"

其实，早在"小晴"和"小江"之前，科大讯飞所打造的虚拟主播就已经在各大媒体上岗，如央视的"通通"和"纪小萌"、人民日报的"果果"、合肥电视台的"王小健"和"马小腾"。虚拟主播的不断加入，为我们的日常生活催生出更多的可能性，未来将会出现越来越多的荧幕"新"面孔。

第3章
AI 与虚拟人

本章主要介绍 AI 技术与虚拟人之间的联系，先介绍虚拟人的 AI 技术，剖析三次 AI 热潮、虚拟人的 AI 技术框架和相关技术；再通过虚拟人领域的实例介绍 AI 技术是如何应用于虚拟人开发的。

3.1 虚拟人的 AI 技术

AI 是研究、开发用于模拟、延伸、扩展人类智能的理论、方法及应用系统的一门新的科学技术。AI 从诞生以来，经历了三次发展热潮，相关理论和技术日益成熟，适用于虚拟人的研究与实现。

3.1.1 三次 AI 热潮

1. 第一次 AI 热潮：理论的革新（20 世纪 50 年代至 60 年代）

在计算机刚刚诞生时，计算机被视为运算速度更快的数学计算工具。在理论思想上，艾伦·图灵走在了研究的前沿，开始考虑计算机是否可以像人类一样思考，即在理论的高度思考"人工智能"。

1950 年 10 月，艾伦·图灵发表了一篇名为《计算机械和智能》的论文，提出了著名的图灵测试，其影响深远，直至今日仍被计算机领域研究人员所重视。以图灵测试为标志，数学证明系统、知识推理系统、专家系统等里程碑式的技术与应用在研究人员中掀起了第一次 AI 热潮。

但当时人们对 AI 发展持有普遍乐观的态度，人们仿佛看到了几年内计算机通过图灵测试的曙光。然而，受当时计算机性能和算法理论的局限，接踵而来的失败渐渐磨灭了人们对 AI 的热情，AI 的热度迅速消退，跌入谷底。

2．第二次 AI 热潮：思维的转变（20 世纪 80 年代至 90 年代）

在第二次 AI 热潮中，语音识别技术是最具代表性的突破性进展之一，而这个突破性的进展则依赖思维的转变。

在此之前，主要应用专家系统对语音识别技术进行研究。专家系统是指根据语言学的知识，总结出语音和英文因素，再把每个字分解成音节与音素，将人类学习语言的方式应用于计算机中，让计算机学习语言。在研究过程中，研究人员更多的是围绕着语言学开展研究工作的。

而新的语音识别方法应用基于数据的统计建模，研究人员"抛弃"了以模仿人类思维来总结思维的规则，以此进行 AI 开发的方式，转变了思维方式，在研究过程中更多地开始应用计算机技术与数学知识。这种转变看似容易，其实面临着与人类既有观念和经验"抗争"的极大阻力。最终，计算机与数学的思维"获胜"，基于数据统计模型的思想开始广泛传播。

第二次 AI 热潮中的思维转变，就如李开复所说：事实证明，计算机的"思维"方法与人类的思维方法之间，似乎存在着非常微妙的差别，以至于在计算机科学的实践中，越抛弃人类既有的经验知识，依赖于问题本身的数据特征，越容易得到更好的结果。

3．第三次 AI 热潮：技术的融合（2006 年至今）

21 世纪，计算机的计算能力实现了飞跃式提升，在 AI 研究中，深度学习逐渐融入人们的生活。从知名的 AlphaGo，到 2014 年 ImageNet 竞赛中第一次超越人眼的图像识别算法，它们都是深度学习技术的产物。从本质上讲，深度学习是一个用数学模型对真实世界中的特定问题进行建模，以解决该领域相关或相似问题的过程。

互联网的蓬勃发展带来了高质量的大数据，计算机性能的提升也使数据可以更好地被存储和利用。第三次 AI 热潮体现在深度学习、大数据、高效率大规模计算的 AI 技术的融合。正是因为 AI 技术的飞速发展，虚拟人才得以出现在我们的生活中，应用并服务于各个领域。

3.1.2 虚拟人的 AI 技术框架

生成虚拟人的通用系统框架包括人物形象生成模块、人物语音生成模块、人物动画生成模块、音视频合成显示模块、交互模块。

人物形象生成模块：根据人物图形资源的维度，应用 3D 建模技术构建人物模型。目前虚拟人的人物形象包括 2D 人物形象和 3D 人物形象。

人物语音生成模块：根据输入的文本信息，应用语音合成技术生成对应的人物语音。

人物动画生成模块：根据输入的文本信息或生成的语音，应用唇形动画技术，生成相应人物唇形动画；应用动画制作或动作捕捉技术，制作或捕捉人体相应动作，生成相应人物动作动画。

音视频合成显示模块：应用多模态技术融合生成的人物语音与人物动画，使其在同一时间线上输出，生成视频。

交互模块：应用自然语言处理技术，分析用户的语音语义，识别用户意图，根据分析后的结果，决定虚拟人后续的语音与动作。

交互模块为扩展项，可根据是否包含该模块，将虚拟人划分为交互型虚拟人与非交互型虚拟人，如图 3-1 所示。非交互型虚拟人系统生成人物形象后，依据目标文本生成对应的人物语音及人物动画，并合成音视频呈现给用户，具体运作流程如图 3-2 所示。

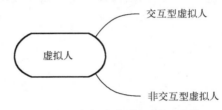

图 3-1　虚拟人按交互类型分类

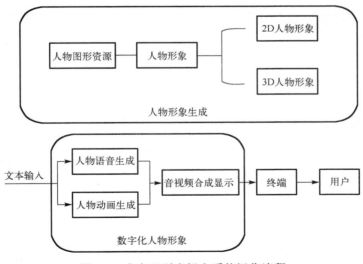

图 3-2　非交互型虚拟人系统运作流程

3.1.3　虚拟人的相关 AI 技术

1．3D 建模技术

3D 建模技术分为静态扫描技术和动态光场技术。相比静态扫描技术，具有高视觉保真的动态光场技术不仅可以重建人物的几何模型，而且可以一次性获取动态人物模型数据，该技术将成为虚拟人建模的重点发展方向。

静态扫描技术可分为结构光扫描重建和相机阵列扫描重建。结构光扫描重建时间长，对人体这类运动的目标在友好度和适应性方面较弱，因此多应用于工业生产、检测领域。相机阵列扫描重建可以替代结构光扫描重建，并解决以上存在的问题从而成为人物建模的主流方式，如图3-3所示。随着拍照式相机阵列扫描重建技术的飞速发展，目前可以实现毫秒级高速拍照扫描，相机阵列精度甚至可以达到亚毫米级，相机阵列扫描重建已成功应用于游戏、电影、传媒等行业。

图3-3　相机阵列扫描重建（来源于天润智能官网）

2．驱动方式

完成人物形象建模后，就需要考虑人物形象数字化，即人物形象的驱动。从技术层面来看，按照驱动方式分类，虚拟人可以分为真人驱动型虚拟人和计算驱动型虚拟人，如图3-4所示。

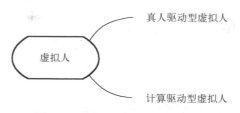

图3-4　虚拟人按驱动方式分类

（1）真人驱动型虚拟人

在真人驱动型虚拟人的实现过程中，完成原画建模及真人关键点绑定后，使用动作捕捉设备或摄像头捕捉真人的动作、表情等，以实时驱动虚拟人生成相应的行为。

动作捕捉是指通过数字手段记录人们的运动过程。根据实现原理不同，当前主流的动作捕捉可以分成光学式动作捕捉、惯性式动作捕捉、视觉式动作捕捉三类，如图 3-5 所示。目前，光学式动作捕捉和惯性式动作捕捉占据主导地位。

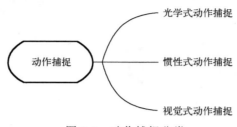

图 3-5　动作捕捉分类

真人驱动型虚拟人的行为均由真人操作实现，因此在动作灵活度、互动效果等方面有明显优势。一方面，能在影视内容制作中降低生产成本，同时为影视行业的制作降低门槛，推动影视级内容向消费级内容转型；另一方面，应用于虚拟偶像之中，可帮助虚拟人完成大型直播、商场路演等互动性强的活动。

（2）计算驱动型虚拟人

计算驱动型虚拟人的语音表达、面部表情、具体动作主要通过深度学习模型的运算结果实时或离线驱动，在渲染后实现最终效果，基于 AI 的虚拟主播就是计算驱动型虚拟人。

计算驱动型虚拟人的最终效果受 3D 建模技术（真人模型构建是否符合真人的面貌、形体）、语音合成技术（语音表述在韵律、情感、流畅度等方面是否符合真人发声习惯）、唇形动画生成技术（口型与语音是否一致，是否符合真人发声标准）等技术共同影响。

计算驱动型虚拟人无须花费较大成本即可生成真实的人物模型，并将输入文本转化为语音及动画，没有时延的要求，仅需将人物语音及人物动画应用多模态技术生成视频并输出给用户即可。

3.2　AI 技术在虚拟人领域的应用

麻省理工学院媒体实验室的研究人员开源了一个虚拟角色生成工具。该工具结合了面部、手势、语音和动作领域的人工智能模型，可用于创建各种音频和视频输出。

2022 年下半年，北京理工大学将承办第十三届"挑战杯"中国大学生创业计划竞赛。北京理工大学坚持"以赛育人"，发挥数字孪生、虚拟现实、数字仿真等技术优势，将数字化办赛理念贯穿"挑战杯"竞赛全过程。北京理工大学发布了"挑战杯"001 号数字参赛者、数字化参赛引导者"灵"，如图 3-6 所示。

图 3-6　北京理工大学虚拟人"灵"

　　"灵"是由北京市混合现实与新型显示工程技术研究中心（北京理工大学）科研团队基于先进的光场采集重建技术打造的新一代高逼真多模态数字人。"灵"的面部表情由800 多根"骨骼"协同控制，面部材质由 82 个材质参数进行动态调整。数字人"灵"是语义、语音、视觉三大 AI 技术融合的结晶。

　　2020 年，韩国 MBN 电视台推出韩国首位 AI 虚拟主播"金柱夏"，如图 3-7 所示。"金柱夏"由 MBN 电视台和人工智能开发公司 MoneyBrain 共同研发，实现技术包括 AI、深度学习、卷积神经网络等，可以逼真还原真人说话的样子。"金柱夏"可以在发生灾难等紧急情况时，迅速向观众播报新闻内容，并且 24 小时连续工作。

图 3-7　韩国首位 AI 主播"金柱夏"

　　AI 技术的不断成熟，在虚拟主播的制作中起着举足轻重的作用。虚拟主播的出现，节省了大量的人力、时间和成本，并且为观众提供了全新的体验。

技 术 篇

第4章
相关技术介绍

本章介绍基于 AI 的虚拟主播实现技术。制作虚拟主播，首先，制作人物形象，需要应用三维重建技术实现；其次，虚拟主播进行新闻播报，语音、表情、口型、动作应保持协调一致，需要应用语音、表情等合成技术实现；最后，将三维模型、语音及动作等融合于一条时间线上，并输出视频，需要应用多模态融合技术实现。

4.1　三维重建

4.1.1　三维重建的定义

三维重建是指在计算机中为三维物体创建可进行表示和分析的数学模型。在计算机环境中，三维重建技术是通过三维物体的展开处理过程分析其性质的基础技术，也是利用计算机对客观世界进行虚拟现实表现的关键技术。

在计算机视觉中，根据单视图或多视图的物体图像进行三维物体信息重建的过程称为三维重建。采用单视图方式的三维重建，因其深度信息的缺失，需要利用经验知识来完成深度信息补充。而采用多视图的三维重建，类似于人类的双目成像，较容易实现。其实现方法是先通过标定摄像机的位置，计算出摄像机的三维空间关系，再根据多个二维图像中所采集的相关特征信息构建三维物体。

在计算机中，有两类方法可以实现物体的三维模型构建：第一类是通过几何建模软件（Maya、3ds Max 等），采用人机交互的方式构建可控的三维模型；第二类是通过技术手段获取物体的几何形状，并在计算机中实现物体的三维模型构建，这就是物体的三维重建过程。该过程是将二维投影与计算机技术结合，恢复三维物体的特征数据与形式状态的数学建模过程。

三维重建的一般步骤如下。

（1）图像获取

使用摄像机拍摄三维物体，以此进行三维物体的二维图像获取。

（2）摄像机标定

通过对摄像机进行标定的方式，求解摄像机的相关参数，有效建立成像模型，并根据摄像机参数进行图像预处理。

（3）特征提取

对图像进行特征提取主要包括对图像中特征点、特征线及特征区域的提取，通常以特征点作为其匹配基元进行特征提取。

（4）特征匹配

特征匹配是根据从图像中所提取的特征信息进行图像成像点构建的过程。直观来讲，特征匹配是将在两幅不同图像中相同物理空间点的成像点进行匹配，生成三维物体的特征成像点对，将二维图像平面坐标向量对应于三维立体空间坐标向量。

（5）三维重建

将以上所得特征匹配结果，结合摄像机标定的相关参数，生成三维点云模型。根据三维点云模型构建可视曲面，最终生成三维模型。三维重建流程如图 4-1 所示。

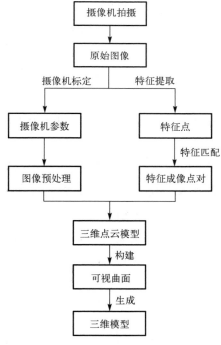

图 4-1　三维重建流程图

4.1.2　三维人脸重建技术的发展历程

随着科学技术的不断发展，利用计算机构建真实场景的三维模型，已成为许多领域进行深层研究前必不可少的一部分。例如，在医学治疗领域，采用三维 CT 图像诊断患者病情；在文物保护与修复领域，文物被三维复原后，可供游客参观。此外，在工业设计、新闻报道、游戏开发等领域，三维重建技术都发挥着不可或缺的作用。

应用于虚拟主播的三维重建技术主要是三维人脸重建技术。自从三维人脸模型可通过计算机进行参数化表示以来，大量研究人员对三维人脸重建技术表现出浓厚的兴趣并持续关注，三维人脸重建技术逐渐成为计算机科学中十分热门的学术研究方向，且国内外的研究人员都有非常丰富的科研成果。

20 世纪 70 年代初期，随着计算机技术的不断发展，发达国家开始进行有关三维人脸重建技术的研究，基于参数控制方式的三维人脸模型出现了。1972 年，Parke 首次提出了利用三维顶点定义的多边形实现对人脸的三维重建，他将人脸的面部信息划分为结构参数和动作参数，利用人脸参数实现了对不同个体人脸特征及面部变化的描述，构建了全球第一个人脸模型。Parke 所构建的人脸模型在实现方面存在着一些问题：虽然人脸模型通过多种参数的控制可以实现不同的人脸面部表情的变化，但是参数控制的方式十分复杂；使用单一参数表示人脸的面部特征时，呈现出的三维人脸模型真实度大大降低。这些问题也成为研究人员后来需要重点解决的问题。

20 世纪 80 年代，三维人脸重建技术的研究进入了基于面部肌肉的三维人脸重建研究阶段。与基于参数方式的三维人脸建模相比，基于肌肉的三维人脸模型构建方法则更多地集中在对人脸的皮肤组织、脂肪组织、骨骼及附着在骨骼上的肌肉组织等人脸面部表征进行控制的肌肉特性的研究。由此，可根据人脸的面部肌肉特性将其所构建的模型分为向量肌肉模型和伪肌肉模型两种。1981 年，Badler 对人脸面部皮肤的弹性、面部肌肉的收缩性及面部骨骼的连接性进行了研究，实现了基于面部肌肉的三维人脸模型的构建。通过对人脸面部肌肤顶点的弹性特征进行连接，在面部特征中融入面部肌肉的收缩性，使模型表现出丰富的人脸面部特征。1987 年，Waters 通过人脸面部肌肉及其皮下组织层的活动，进行人脸面部运动特征的分析，在 Badler 所构建的三维人脸模型基础上，建立了基于伪肌肉的三维人脸模型。他认为人脸是由不同层次的结构组织所构成的，因此，以人脸运动特征为基础，通过弹性组织连接这些不同层次的面部结构组织，使三维人脸以非刚性的方式进行面部运动，实现面部的各种表情生成。

三维人脸重建技术发展到 20 世纪 90 年代之后，研究人员发现之前通过三维人脸重建技术生成的三维人脸模型并不符合实际的情况，原因是建立的三维人脸模型的控制参数多样化，使构建的三维人脸模型在生理学领域和运动学领域的实现更复杂，并且模型生成也更困难。问题的出现促使研究人员开辟新的思路，尝试使用一些新的方法让构建的三维人脸模型能适应实际情况。通过二维人脸图像所采集的相关信息进行三维人脸重建逐渐成为三维人脸重建技术研究领域的热门研究方向。

1992 年，Kou 通过人体测量学中的相关理论，以人脸正面二维图像为基础进行人脸侧面图像的构建，并利用 MMSE（最小均方误差）估计方法对所建立的人脸参数数据库进行人脸参数估计，通过对不同的人脸正面特征数据进行解析、组合，获取人脸的侧面特征信息；并在此基础上，结合人脸正面二维轴和三维深度轴，自动建立三维人脸模型。1993 年，T. Akimot 等研究人员提出将人脸重要的特征点（如眼睛、鼻子、嘴等）在人脸正面和侧面图像中标注出来，通过标注特征点的坐标位置及对应关系进行三维人脸模型的构建，以此实现特定的三维人脸重建。

20 世纪 90 年代以来，研究人员采用基于人脸图像的方式进行三维人脸重建的研究，其中以单幅二维人脸图像进行三维人脸模型的构建方式最为热门。其实对二维人脸图像来说，其本身并不包含三维人脸重建所需要的深度信息，但是二维人脸图像便于获取，实现过程相对容易。更多的研究人员认为虽然二维人脸图像不包含三维深度信息，但是可以通过对二维图像具有的表面亮度来实现对图像深度信息的获取，并在此方向上进行了深入的探索与研究。

进入 21 世纪，三维人脸重建技术开始向多元化发展，其中相对流行的研究技术是基于单幅或多幅二维人脸图像的三维人脸重建技术，以及三维人脸面部形变模型与相关匹配算法结合的三维人脸重建技术。

2001 年，Liu 开发了基于视频的三维人脸重建系统，该系统首先使用摄像机对人脸特征信息进行捕捉，将捕捉后的人脸信息进行特征点标注，然后借助特征点匹配的方式建立三维人脸的空间坐标点，最后通过人脸纹理信息的映射实现三维人脸重建。快速重建三维人脸模型是该方法的优势所在。

2002 年，Pighin 利用五张不同角度的二维人脸照片实现了三维人脸重建。他首先通过对所获取的五张不同角度照片进行预定义的特征点标注，将从照片中所获取的特征点进行匹配结合，然后采用投影原理生成三维人脸重建模型，并采用插值技术对生成的人脸模型进行修改，最终完成三维人脸重建。

2006 年，Hancock 利用单张二维人脸照片进行三维人脸模型的重建。以光线明暗恢复物体形状的方法为基础进行三维人脸模型重建的研究。该研究根据照片中人脸区域由于光线照射导致的阴影形状不同，表示人脸部位具有的凹凸特性，以此获取三维人脸模型的深度信息。该研究方法在一定程度上解决了二维人脸图像缺乏深度信息的问题，为基于二维图像的三维人脸重建技术奠定了基础。

2008 年，Hansen 同样以二维人脸图像为基础，提出了以二维人脸正面图像和侧面图像相结合进行三维人脸重建的方法。该研究通过对二维人脸图像不同空间坐标点的建立，使特征点的表征呈现出更精细化的状态，也使所建立的三维人脸模型更具人脸整体的形态和结构，而且三维人脸重建的过程更自动化。但是该研究方法也有一些不足之处，因为这种方法在建模过程中按照平均人脸模型的特征点进行标注，对一些与平均人脸差异较大的人脸来说，三维人脸重建模型的精确度将会大打折扣。

2009 年，Vetter 采用三维人脸形变模型进行三维人脸模型重建的研究，使用形变模型多次进行模型特征匹配，得到了精确度较高的三维人脸模型。

我国研究人员在三维人脸重建技术方面的研究起步较晚，是伴随着国外研究人员对三维人脸重建技术的不断深入出现的。2001 年，梅丽使用最大似然立体匹配算法对二维人脸图像进行模型稠密对应的自动化匹配，获得二维人脸图像的三维空间点坐标，并根据获取的坐标值对三维人脸模型进行调整，最终实现三维人脸模型的重建。2009 年，王成章等研究人员，通过应用三维人脸形变模型对黄种人人脸特征进行不间断的研究与跟进，创建了具有一定规模的黄种人人脸数据库，并持续对该数据库样本进行扩充；在三维人脸重建的研究方面，他们通过对三维人脸模型匹配算法进行优化改进，取得了将三维人脸形变模型应用于人脸识别领域的进步，这也是对三维人脸重建理论的完善。

近年来，国内研究人员一改以国外理论研究作为基础进行三维人脸重建的研究方式，开拓了对三维人脸重建技术的高质量、高精度的研究道路。国内研究人员通过对多样化的三维人脸重建技术的开发与使用，探索三维人脸建模更精准的方法，增强三维人脸模型的真实度。

2012 年，董洪伟将网格变形技术与视觉技术相结合，实现了基于二维人脸图像的高精度三维人脸模型重建。该研究通过对多幅不同角度的二维人脸图像进行基本特征点标注，以获取人脸的相关参数和三维人脸模型的空间坐标点；并使用人脸面部特征细节与二维图像一致化的三维人脸形变算法，在多幅图像的可见投影中，构建后的人脸面部仍具有与图像一致的色彩；利用估计法消除图像中所产生的噪声等影响目标函数收敛性的因素，通过对目标函数多次进行非线性优化求解，进一步提升了三维人脸重建的质量，实现三维人脸模型的构建。研究结果表明该方法有效地提升了三维人脸重建的精确度。

2013 年，胡阳明对传统三维人脸重建的复杂性与缺陷性进行分析后，结合 ASM（主观形状模型）优化算法，对三维人脸重建算法进行了改进。ASM 优化算法通过对二维人脸特征及划分区域的精准定位，借助人脸形变模型，对二维人脸正面图像进行三维人脸模型构建，并采用明暗纹理恢复算法对构建的三维人脸模型进行面部表征区域顶点法线的约束和完善。通过研究及实际应用表明，在实现三维人脸模型的快速重建方面，此算法比传统算法更简便，并且可以有效提升三维人脸重建的精确度和人脸识别的准确度。同年，吴子阳提出了利用稀疏形变模型与平均人脸模型相结合的方法进行三维人脸模型的构建，此方法提出了对人脸纹理信息映射技术的改进，进一步改善了三维人脸侧面模型构建的视觉效果，同时提高了三维人脸模型构建的真实度；而且，他在三维人脸重建模型的表情合成及人脸识别方面也有着丰富的研究经历。

2014 年，兰佩对基于特征点提取的三维人脸模型重建方法进行了研究。他通过识别并采集目标人脸的特征点建立人脸数据库，通过构建的人脸数据库恢复目标人脸二维图像的深度信息，根据所得的人脸深度信息构建基于特征点的三维人脸模型，结合三维人脸形变算法完成三维人脸模型的重建。

2015 年，林克正等研究人员以三维人脸模型中可能存在的面部表情改变及部分遮挡的问题作为基本研究出发点，提出了基于 PDE（偏微分方程）形变模型的三维人脸重建算法。他们采用主成分分析法对获得的信息数据进行训练学习，将三维人脸模型离散地表示成傅里叶级数，并结合人脸面部表情变化及遮挡形变的自适应 PDE 三维人脸形变模型，完成三维人脸模型的构建，并在此模型获取映射信息的基础上实现了精准人脸识别。

三维人脸重建技术仍在不断发展进步中，随着人工智能浪潮的来临，研究人员紧跟时代步伐开拓创新，三维人脸重建技术将变得更精准，重建后的三维人脸模型也更真实。

4.1.3 三维人脸重建技术的应用

2019 年 2 月，美国科幻电影《阿丽塔：战斗天使》在国内上映，该电影采用三维人脸重建技术，在虚拟世界中创建了大量形态各异、流畅真实的虚拟角色，并且对人物的特效制作精确到了每一个表情细节，一经播出就受到了人们对 VR 技术的热议。

其中，最令人惊叹的就是主角阿丽塔的角色模型制作，该模型拥有超过 13.2 万根头发、2000 根眉毛、480 根睫毛，面部及耳朵有近 50 万根绒毛，眼睛由近 900 万像素组成，全片的总渲染时长超过 4 亿小时。最为惊艳的就是阿丽塔的面部造型（如图 4-2 所示），经历了超过 50 次的迭代重建，单是五官的组合就有 200 种设计，配合先进的光照引擎、人体物理动作引擎、皮肤纹理渲染引擎，使人物更加逼真，带来强烈的视觉冲击，同时在观众心里也留下了这样的疑问：阿丽塔是否由真人扮演？可见角色足以以假乱真。

图 4-2　电影《阿丽塔：战斗天使》中阿丽塔的面部造型

2017 年 9 月，苹果推出的十周年版 iPhone X 采用了基于三维重建的面部识别技术，即 Face ID。相比二维人脸识别技术，三维人脸识别技术应用的优势包括精确度高、环境适应性强、防伪稳定性高、实用性强。

三维人脸识别系统类似于人的眼部功能，配合三维视觉系统，通过采集三维人脸特征数据构建三维人脸模型，建立的模型可以分辨的几何精度达几分之一毫米，是当时最为精准的生物识别技术之一。使用 Face ID 登录解锁的苹果设备安全性能比 Touch ID 提升了近 20 倍，照片、面具甚至双胞胎都无法"浑水摸鱼"，并且戴眼镜、换发型等常见情况都不会影响 Face ID 的正确判断。

苹果的 Face ID（如图 4-3 所示）采用可投射 30000 个光点的点阵投影仪和红外摄像头形成的三维结构光深度摄像头感知用户面部特征，通过采集所得到的三维人脸特征数据为手机持有者建立专属的三维人脸模型，并将该模型存储于手机中，此后每次人脸识别都会与该模型进行比较，当面部重合度达到规定的阈值时就会返回人脸识别正确的指令，完成高精度的三维人脸识别任务。

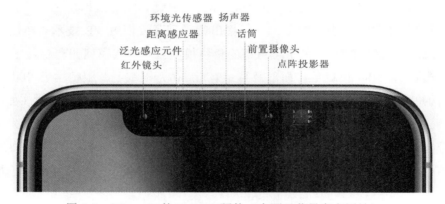

图 4-3　iPhone X 的 Face ID 硬件（来源于苹果官方网站）

以上两个案例充分体现了三维人脸重建技术的商业价值及其研究意义。人脸结构是一套极为复杂的物理系统，其三维模型可抽象为骨骼、肌肉、结缔组织及面部皮肤 4 部分，三维人脸模型在这 4 部分的共同协作下，呈现出丰富且真实的面部表情或形态。因此，使用计算机中有限数据模拟过于复杂的人脸系统是有一定难度的：首先是人脸的多样化，人脸大致可分为眼睛、鼻子、嘴、额头及脸颊 5 部分，虽然这 5 部分有固定的特性，但是它们的位置信息和纹理信息十分丰富，由此可以组成人脸的万般模样；其次，在人脸信息获取过程中，由于外部因素的影响，如光线等，会导致人脸信息不协调或者人脸信息的缺失，在一定程度上影响三维人脸重建模型的质量。虽然这些难题至今尚未完全解决，但是在某些特定条件下应用该技术，可以构造出符合要求的三维人脸模型。

在科学技术的不断发展和推动下，三维人脸重建技术在学术研究和日常生活方面都有十分丰富的成果，广泛地应用于以下几个领域。

1. 影视制作领域

2009 年，卡梅隆执导的电影《阿凡达》风靡全球，电影行业进入了新的元年，三维电影也成为国内外电影行业关注的焦点。三维电影时代的到来，CG 技术和影视制作技术互相促进、相辅相成，并不断地发展与完善。CG 技术主要集成了计算机技术、数字技术和仿真技术，可以虚拟还原，也可以增强再现，还可以表示数字可视化的再生，这使虚幻世界，如赛博朋克、神秘仙境、宇宙太空等，或真人演员无法表演出的表情动作，通过 CG 技术搬上了电影荧幕。《战斗天使：阿丽塔》就是其中之一，通过三维重建技术对人物形象进行塑造，使用替身演员完成阿丽塔的生活习惯动作、表情动作、机械战斗动作。《速度与激情 7》中，保罗·沃克的"复活"，也是应用了大量的三维人脸重建技术。通过对保罗·沃克现有的影像资料进行人脸图像及面部表情数据的采集，利用采集所得的数据重建保罗·沃克的三维人脸模型，在替身演员面部进行特征点标记，并利用人脸对齐算法实现替身演员面部动作与保罗·沃克三维人脸模型的一致，从而生成动态影像。通过三维人脸重建技术实现计算机图形与真人融合的人物角色，为观众带来了新奇的观影体验，如图 4-4 所示。

图 4-4   三维人脸重建技术应用于影视制作领域（来源于电影《阿凡达》《速度与激情 7》）

2. 游戏开发领域

随着计算机应用技术的迅速发展及变革，AR 与 VR 的出现，打破了虚拟与现实的界限，为人们带来了与世界连接的全新方式和革命性的沉浸式体验。三维人脸重建技术的运用，使玩家可在游戏中创建极具真实感和个性化的人物角色，也可以根据图像采集获取的信息定制个性化玩家角色，创建三维头像、三维表情等。玩家如身临其境，获得更好的游戏体验。

3．公共安全领域

世界上没有两片完全相同的树叶，也不会有两张一模一样的人脸，这种唯一性，使三维人脸识别技术可作为身份认证的方式。三维人脸识别可应用于教育、医疗、司法、金融等多个行业的公共安全领域。例如，使用已构建的三维人脸模型进行三维人脸比对，从而解锁门禁，既简单又方便；在三维人脸识别的金融终端办理个人业务；通过三维人脸识别技术与天眼系统的结合监控交通违法行为或追捕罪犯。

4．医疗美容领域

在医疗领域，可通过三维人脸重建技术对患者建模，这样既能使用极具真实感的三维模型对病情进行可视化分析，精准地找到病因所在；又能通过 VR 技术对建立的三维人脸模型进行手术的练习，以提升医生手术操作的熟练度，降低手术风险，从而提高治愈率。在美容领域，通过对客户的人脸进行三维重建后，在三维人脸模型上进行面部微调，以便为客户制定更好的美容方案，客户也能直观地预览手术完成的效果。

4.2　自然语言处理技术与语音合成技术

4.2.1　自然语言处理技术

1．自然语言处理技术的概念

自然语言处理（Nature Language Processing，NLP）是一种使用自然语言构建人与机器之间沟通桥梁的技术理论与研究方法。简单来说，自然语言处理技术可以让人机交互中的机器理解自然语言，并对交互过程中的相应信息做出判断和回复，这一技术的出现解决了人工智能在性能完整度中的智能认知问题。

2．自然语言处理技术的发展历程

1950 年，人工智能之父艾伦·图灵发表了名为《机器能思考吗》的论文，在这篇划时代的论文中预言真正智能化的机器将被创造，人工智能开始逐渐发展，并在研究中流行；在人类文明的发展中，大量数学、语言学和物理学等知识被累积，成为自然语言处理技术发展的理论基础；人类的大脑神经元网络工作原理的展示，也进一步激发了人工智能思潮的出现，同时促进了自然语言处理技术的发展。

20 世纪 60 年代，自然语言处理技术处于萌芽阶段。一直到 1970 年，自然语言处理技术才进入快速发展时期。在此期间，自然语言处理技术融入人工智能中，并出现了基于规则方法的符号派和使用概率方法的随机派两个"派系"。符号派研究人员通过对生成句法和形式语言的理论研究，在自然语言处理领域取得了一定成就；而随机派研究人员采用统计学理论知识及贝叶斯定理对自然语言处理进行研究，也对自然语言处理领域的发展有一定的推动作用。但这一时期的研究人员更注重以逻辑推理的形式研究问题，仅有少数统计学与电子学专业的研究人员对使用概率统计方式和神经网络的开发进行研究，因此基于语句规则的研究势头更为强劲。此阶段实现了人机简单交互。

而后，自然语言处理技术进入寒冬期。随着研究的逐渐深入，新的问题不断涌现，研究人员意识到无法在短时间内对自然语言处理技术的应用进行开发，许多研究人员逐渐对研究失去信心。但仍有少数研究人员坚持不懈地研究，由于他们持之以恒的决心与出色的工作能力，在该时期取得了一定的成果——隐马尔可夫模型的统计方法。该方法在语音识别领域获得成功，话语分析也有了重大的进展。基于统计学与神经网络的研究促使自然语言处理技术走出寒冬期，并在之后的研究中占据主流位置。

1980 年，自然语言处理技术正式回归，进入了复苏新发展时期。同年，第一届机器学习国际研讨会在美国卡内基梅隆大学召开，标志着机器学习研究在世界范围内重新兴起。随着计算能力的稳步提升和机器学习的不断发展，研究人员采用更简单的近似法取代深入分析法，评估过程更加量化。神经网络模型、决策树算法等的出现，也推动了基于自然语言处理技术的应用快速落地。

3．自然语言处理技术的应用领域

在商业服务领域，对话机器人和智能客服，为提出问题的客户提供快速且智能的回复，在高效处理大量重复信息的同时，大大降低了人工成本；在医疗领域，通过对患者的个体识别及关系抽取实现了传统纸质病历的电子化，在高效管理患者信息的同时，也为患者提供了便利；在网络信息领域，垃圾邮件的自动信息识别对有害、无效邮件进行自动清理，实现了垃圾邮件的自动筛选过滤，为人们提供了安全、绿色的邮件浏览环境。

美国科技教育公司推出了 Let's Talk!助理，如图 4-5 所示。它是专为满足教育相关领域需求而设计的 AI 聊天机器人，是应用自然语言处理、机器学习等技术并结合相关算法开发出来的。它可以理解用英文提交的相关问题，家长和学生也可以通过它随时查询学校活动及对学校管理提出相关意见，如用餐时间、学校政策查询等。Let's Talk!助理在投入使用后的 30 天内，回答了 200 多个用户提出的 400 多个问题，平均用户满意度得分为 9.6（满分为 10）。

图 4-5　美国教育科技公司推出的 AI 聊天机器人——Let's Talk!助理

总而言之，自然语言处理技术的出现，降低了人力成本，提高了社会生产效率，方便了人们的生活。今后，自然语言处理技术将会在更多应用领域发挥其作用。

4.2.2　语音合成技术

1．语音合成技术的概念

语音合成（Text To Speech，TTS）技术是实现文本到语音转化的智能语音交互技术，将输入的文本智能转化为自然语音流畅输出，目的是使机器可以模仿人的说话方式和停顿习惯，实现机器发声的目标。

根据人类讲话过程中所用语言功能，由浅入深地对语音合成技术进行分类，可分为三个层次：

* 从文本到语音；
* 从概念到语音；
* 从意向到语音。

这三个层次体现了大脑生成语音的不同形成过程，这些过程涉及大脑的高级神经活动。从文本到语音的合成有一定难度，如果要合成更高质量的语音，就需依靠各种规则的融合，还需对文字内容有较好的理解力，这就涉及机器自然语言理解的知识体系。目前，语音合成技术的研究主要集中在从文本到语音这一层次。

图 4-6 所示为语音合成的流程图。可以看出，文本信息转化为语音的过程，主要分为语言处理和语音合成两部分。语言处理其实就是在语言层面进行文本分析，将输入的

文本通过词典进行文本分词，通过字音转换实现文字序列到音韵序列的转化；再结合语音库，通过语音合成器生成语音波形，语音合成有多种形式，如使用参数合成器或将自然语言与算法以波形拼接的方式结合，最终获得一个流畅且真实的语音输出。

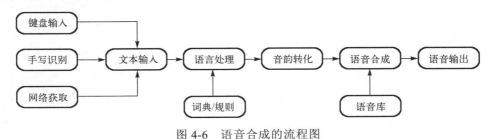

图 4-6　语音合成的流程图

2. 语音合成技术的发展历程

对语音合成技术的研究已有 200 多年的历史，该研究的主要目的是实现"机器发声"的愿景。起源阶段可以追溯到 18 世纪，研究人员通过机械装置模拟人类的声音，利用所制作的精巧气囊和风箱搭建发声系统，可以合成简单的元音与单音。20 世纪初，语音合成技术进入电子合成器语音合成阶段，最具代表性的是贝尔实验室的 Dudley 推出的一款名为"VODER"的电子合成器，利用电子器件实现声音谐振的模拟。

20 世纪七八十年代，以集成电路技术的发展为基础，出现了较为复杂的组合型电子合成器——共振峰合成器。1973 年，Holmes 实现了并联共振峰语音合成。1980 年，Klatt 提出了串/并联共振峰合成器。共振峰合成方法的首次提出，标志着语音合成技术进入了共振峰语音合成阶段，即通过共振峰的加权叠加实现语音生成。之后，物理机械式语音合成方法被提出，目的是让机器拟合人类发声，但由于人类发声系统过于复杂，简单的物理拟合无法解决人类说话时的音长、停顿等问题，该方法的合成效果并不理想。

20 世纪 90 年代，随着计算机存储能力的发展，以及 POSLA（基音同步叠加）方法的提出，单元挑选和波形拼接技术逐渐走向成熟，语音合成技术进入拼接式语音合成阶段。其实现思路是将人类讲话时的语音发音拆分成发音单元或更小的发音状态，在语音合成时，匹配已存储的发音单元进行语音拼接，以此实现一段完整语音的生成。这种方法最大限度地保留了人类说话时的发音音质，并且提升了发音清晰度，但是拼接后的语音有明显的人工合成痕迹，而且实现拼接式语音合成需要大量的存储空间及高效细致的拼接算法，产业化成本十分高昂。

21 世纪至今，AI 技术不断发展，基于深度学习的语音合成技术逐渐进入了人们的视野，研究人员也取得了一定的科研成果。例如，统计参数式语音合成方式将深度学习算法与信号处理方法结合，实现文本到语音的转化过程；将 DNN、CNN、RNN 等神经网络应用于语音合成，使语音合成可以更好地适应并模拟人类发声规律，实现从文本到语音的高质量输出。

3．语音合成技术的领域应用

随着人工智能和自然语言处理技术的不断发展，语音合成的应用领域正逐渐拓展。在智能家居领域，语音合成技术为居家机器人提供了表达的方式，为用户提供个性化、智能化、人性化的居家服务体验；在智能客服领域，语音识别技术与自然语言处理技术融合，为用户提供了自然流畅的交流过程，智能应答会尽量满足用户的需求，同时减轻了服务行业压力，降低了人工成本；在跨国交流领域，语音合成技术结合翻译系统，可为不同国籍、不同语言的人们打破语言交流限制，畅所欲言；还可以帮助失语症患者与他人交流。随着科技的发展，语音合成技术的需求在不断增长，合成更真实、更清晰、质量更高的语音将是研究人员未来不断探索、研究的方向。

4.2.3　唇形动画驱动技术

1．唇形动画驱动技术简述

随着 AI 技术的发展，人们对人机交互的期待逐渐提高，真实地再现人类进行语言交流时的唇形动画可增强人机交互的自然度。人类语言认知过程本身是一个多通道感知过程，嘴唇的运动形态是语音信息传输中重要的信息传输通道。通过对说话者唇形变化的观察，利用人类视觉感知说话者传递的语音信息，可"读出"或"部分读出"说话者所说内容，这个过程称为"唇读"。

相较从单纯的声音输出中获取信息量，唇形动画作为人类发声的理解源与视觉源，使说话者所表达的语音信息更完整，进而提高语音交流中的信息获取量，使人们可以更好地感知语音。随着科技的发展，人类对人机交互有更人性化的需求，唇形动画驱动技术成为人机交互领域的一个重要研究课题。

2．唇形动画驱动方式

要想使三维人脸唇形动画系统极具真实感，通常需模拟人类说话过程中复杂的唇形运动细节来实现。其中必须具备两方面因素：一是精准的动画控制，使用数据驱动人脸唇部区域网格运动；二是提升动画控制技术的水平。数据驱动是唇形动画驱动技术的关键，使用数据驱动人脸唇形运动，生成拟人化的唇形动画，实现方式有三种：文本驱动、语音驱动和视频驱动。

（1）基于文本驱动方式的唇形动画生成

音素分为元音与辅音两类，是构成音节的最小语音单元；视位代表一个音素发音时的面部与口腔状态，是形成音素的基本声学单元。音素与视位相互对应，根据文本信息将对应音素的视位连接起来，就成为可见的唇形动画。

基于文本驱动方式的唇形动画生成实现方式有以下两种。

第一种方式是对输入信息进行文本分析，并从中提取文本的音素信息与汉语发音的时间信息；利用语音合成技术将输入的文本信息转换为语音流；根据从文本中提取的音素信息匹配相应的视位信息，结合汉语发音的时间信息，将视位信息进行排列组合从而得到视位序列，将视位序列与人脸模型融合实现基于文本驱动的唇形动画生成；将唇形动画与文本转化的语音流同步结合，实现可视化语音生成，如图 4-7 所示。

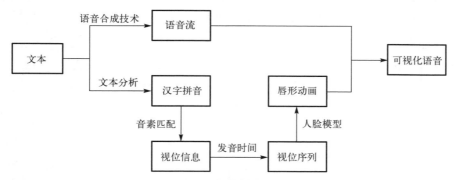

图 4-7　文本驱动唇形动画生成流程图（1）

第二种方式是将输入的文本利用语音合成引擎实现文本到语音的转化，语音合成引擎的使用不仅缩短了人脸动画系统的开发时间，而且语音生成效果非常理想。对转化后的语音进行特征参数提取，确定每个音素发音时的唇形及发音时长，并从各音素与视位映射关系中抽取其相应的表示基本唇形的关键帧，将关键帧合并后进行平滑处理，实现基于文本驱动的可视化唇形动画输出，如图 4-8 所示。

图 4-8　文本驱动唇形动画生成流程图（2）

（2）基于语音驱动方式的唇形动画生成

基于语音驱动方式的唇形动画生成将语音与唇形动画相结合，既保证了动画生成的实时性，又使语音与唇形运动处于同步状态。

实现步骤是，首先将语音作为原始驱动源输入，提取语音特征参数；然后对语音特征参数进行基本唇形的关键帧映射，建立语音帧与唇形类别的映射关系，并按照相应的帧速率组合生成关键帧序列；最后对该唇形关键帧序列进行平滑处理，结合语音，生成具有真实感的唇形动画，如图 4-9 所示。

图 4-9　语音驱动唇形动画生成流程图

（3）基于视频驱动方式的唇形动画生成

基于视频驱动方式的唇形动画生成需要实时采集视频中的唇形特征点，使用采集到的唇形特征点驱动唇形变化，以实现唇形动画的生成。

其中的重点是对视频中的动态人脸进行特征点提取，目前广泛应用的是结合主动轮廓模型与主动形状模型的技术方法。

基于视频驱动方式的唇形动画生成的基本流程是：使用 ASM（主动形状模型）算法检测视频中说话者的面部信息，并对人脸面部的唇形特征点进行跟踪并提取；解析所获取的唇部特征点，并在三维人脸模型中进行标定；对标定特征点的人脸模型，通过采集的数据驱动特征点运动，使三维人脸模型发生自由形变，实现唇形动画的生成，如图 4-10所示。

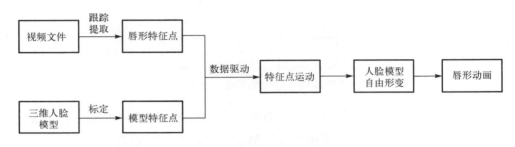

图 4-10　视频驱动唇形动画生成流程图

3. 唇形动画驱动技术的应用领域

唇形动画驱动技术将语音与唇形动画结合，人们在听到声音的同时，可以看到唇形动画作为人类视觉信号输入，以丰富和完善语音信息。这一技术的出现，让自然化的人机交互成为可能，方便了人们与机器的交流，因此唇形动画驱动技术有着广泛的应用前景。

（1）重大安全领域

合成后的虚拟画面，尤其是模拟人的发音与唇形的仿真画面，可以篡改说话内容，给对方的接收系统发送模拟的多媒体信息，在获取信任的同时扰乱对方判断。可应用于刑侦破案、国防安全、信息安全等重大安全领域。

（2）听障群体辅助领域

听障群体对声音识别有一定的理解障碍，他们在没有画面信息、无法通过听力获取声音信息的情况下，并不能获取有效的声音信息。将唇形动画驱动技术应用于听障群体的辅助系统开发中，虚拟人物发音结合唇形的运动变化，可以极大地提高他们对声音信息的理解能力，为他们在日常生活中的信息获取提供一定的帮助。

（3）虚拟主播领域

将真实感建模与自然化唇形动画相结合，真实再现新闻主播播报场景。可全天 24 小时无间歇、无差错播报新闻，为观众提供即时、快捷的新闻资讯。

4.2.4　人脸表情合成技术

1．人脸表情合成技术简述

面部表情作为人类情绪最直观的呈现方式，能够传达出更丰富、更高效的信息，极大地增强了人类对语言内容的理解。1971 年，美国社会语言学家 Albert Mehrabian 提出了一个著名的沟通定律——"55387"定律，如图 4-11 所示。该定律认为在表达语言信息的过程中，55%来自说话者的表情动作，38%来自语言表述，7%来自文本内容。由此可见，在人类使用语言进行沟通交流中，表情动作起着非常关键的作用，面部表情在人际交往中有着无可替代的地位和作用。人机交互中亦是如此，通过人脸表情合成技术实现富有表情的人脸语音动画，会使人感觉更亲切，人机系统更具交互性。

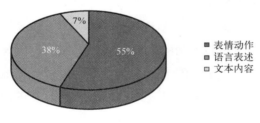

图 4-11　"55387"定律

2．合成方式

（1）面部参数控制方式

1974 年，Parke 提出基于参数的三维人脸模型构建方式，通过控制人脸构造参数在三维人脸模型上生成不同表情。由此人脸表情合成技术进入基于参数化控制的面部表情合成时代。1988 年，国际标准化组织提出 MPEG-4 标准，定义了人脸表情动画生成标准。在 MPEG-4 标准中定义了两个参数：面部定义参数（FDP）与面部动画参数（FAP）。FDP 通过 84 个标准特征点表示出一个特定的中性面部形态，FAP 则通过 68 个参数表示 FDP 所定义的中性人脸的表情变化。之后，基于 MPEG-4 标准的人脸表情合成系统被提出，系统中采用图像特征的方式将人脸模型进行特征化表示，使用 MPEG-4 标准驱动人脸表情动画实现。Waters 提出的基于肌肉模型的三维人脸模型，通过对面部肌肉参数的控制实现了人脸的面部表情合成。1990 年，Blanz 等研究人员提出三维人脸形变模型，使用自然表情下的不同纹理、形状和面部属性等向量参数来实现不同的面部表情。

（2）关键帧插值方式

传统的人脸表情动画生成是采用关键帧插值的方式实现的，广泛应用于早期的动画制作。它的实现原理是采用插值法在两个相邻关键帧之间获得新的表情，获得的表情关键帧称为过渡帧，过渡帧的位置是根据上述两个关键帧的加权权重决定的，因此过渡帧位置受关键帧的权重影响。但用关键帧插值方式只能生成简易的人脸表情动画，与生成具有真实感的人脸表情动画还有一定的差距。

（3）人脸表情捕捉方式

目前，使用设备捕捉真实人脸表情数据，通过获取的人类表情数据可以驱动三维人脸模型合成更真实的表情。该方式的实现过程是对完成特征点标记的人脸通过摄像机进行实时检测，将捕捉的面部表情动作传送至计算机端，计算机定位人脸特征点，采集面部特征点及头部运动轨迹等参数信息，分析采集到的参数信息并提取有效信息，对三维人脸模型进行驱动，从而生成人脸表情动画。

2013 年，Cao 等研究人员进行了基于三维回归模型的实时表演驱动人脸动画系统的开发。在该系统中，对三维人脸视频帧中的相应坐标通过回归器实现二维人脸特征点的生成，并结合用户的特定表情对形变模型进行人脸表情参数的计算。该系统需花费大量时间对用户表情数据进行收集。针对这一问题，2014 年，Cao 等研究人员提出使用单目摄像机进行人脸跟踪，实现人脸动画的自动生成。该方法使用公共图像数据集进行三维人脸模型训练，通过回归器将用户的二维特征点不断拟合为三维人脸模型，以实现人脸表情的自动生成。2016 年，吴晓军等研究人员提出了不需要进行特征点标记的人脸表情捕捉方式，利用网格形变算法实现人脸表情动画的生成。2019 年，闫衍芙等研究人员提出一种基于卷积神经网络的动作单元参数回归网络模型，面部表情动画通过基于表情融合的形变模型驱动，虚拟人物面部具有更丰富的表情。

3. 人脸表情合成技术在影视制作领域的应用

随着三维电影时代的到来，人脸表情合成技术在影视特效制作领域的应用十分广泛，为了精准地捕获人脸的表情及运动轨迹，可以采用多摄像头及在人脸上标记定位点等方式辅助人脸特征点的获取。先提取表演者的面部表情及运动轨迹的特征参数，再将提取的表情参数融合于构建的三维表情模型中，可以生成三维表情动画，如图 4-12 所示。

通过演员的面部表情甚至行为动作来驱动虚拟角色表演，让观众为之赞叹的同时，也让观众对许多经典角色的记忆尤为深刻。例如，《阿凡达》中潘多拉星纳美族人公主涅提妮，《加勒比海盗》中的章鱼人戴维·琼斯船长，《阿丽塔：战斗天使》中的女主角阿丽塔，均是由真人表演所呈现的虚拟角色，这些虚拟角色在观众的眼中"活"起来了。

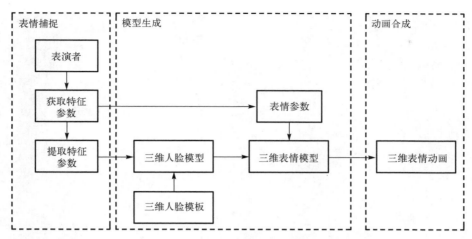

图 4-12　基于表演驱动的动画表情实现过程

在《阿凡达》的整个拍摄过程中，除了 40% 是实景拍摄，剩下的 60% 都是通过动作捕捉后，使用 CG 技术合成实现的。电影中的角色面部表情的实现就是采用演员面部表情获取进行驱动的。如图 4-13 所示，演员人脸的惊讶表情几乎全部被赋予电影中的人物。在对《阿凡达》中的演员进行采访时，演员表示需要使用比平时表演更夸张的表情，这样可以使角色更逼真地展现在观众眼前。如图 4-14 所示，演员在用更夸张的愤怒表情表现形式，通过表情捕捉后赋予角色该表情，使其更为真实。《加勒比海盗》中的戴维·琼斯船长的角色塑造也使用了真人面部捕捉技术（如图 4-15 所示），实现了因诅咒被章鱼附身，下颚处长有章鱼触须的"章鱼"船长的"诞生"。《阿丽塔：战斗天使》中的女主角阿丽塔更是高仿真模型，使用了精细化人物表情捕捉技术，从图 4-16 可以清晰地看到饰演阿丽塔的真人演员面部标记点相较于其他人物更多，面部捕捉也更细致。人脸表情合成技术、动作捕捉技术赋予了这些虚拟人物"生命"。

图 4-13　电影《阿凡达》演员人脸惊讶表情捕捉

图 4-14　电影《阿凡达》演员人脸愤怒表情捕捉

图 4-15　电影《加勒比海盗》演员人脸表情捕捉

图 4-16　电影《阿丽塔：战斗天使》演员人脸表情捕捉

4.3 多模态融合技术

4.3.1 多模态融合的概念

模态是事物发生或存在的方式，或者某种物体类型的信息，或者这类物体信息的表达方式。例如，我们看到的画面是视觉模态的视觉成像，我们听到的声音是听觉模态中所接收的音频信号，我们闻到的味道是嗅觉模态中感受的气味。

多模态是包含两个或两个以上模态形式的组合。当所研究的事物具有多模态属性时，需要将其各个模态结合以实现对事物的研究，多模态融合技术因此而出现。

人类生活的世界其实就是一个多模态相互融合的环境，例如，观看电视剧中人物讲话时，首先音频信号传输出来，人们通过耳朵调动听觉以便听清人物说话内容，与此同时，通过眼睛调动视觉去辨别人物角色说话时形成的唇形、面部细微的表情及其所做出的一些行为动作，最后通过阅读字幕中的文字内容，结合上述观察所获得的信息，得出对人物角色表演的感悟。这是人们观看电视剧中人物表演的模态转换合成过程，人物表演中蕴含语音、动作、表情等多模态的展示。因此，当电视剧/电影中的人物口型与音源不匹配时，我们就会有一种"出戏"的感觉。

4.3.2 多模态融合的方式

1. 前期融合

前期融合是指在模型建立之前提取各模态的特征（一般仅需各模态之间相连的特征），也称特征融合。前期融合时，也可能在特征提取前（即原始数据学习阶段）进行融合，称之为数据融合。因此，基于特征提取或数据提取的融合均属于前期融合。

基于特征提取的模态前期融合的实现过程是，先提取各个模态的输入特征，将提取出的特征存入特征数据集中，再融合特征，并将包含各模态相关特征的数据集输入模型中，以输出预测结果，如图 4-17 所示。

各个模态间具有高相关性，这些提取的特征经过转换、缩放等处理后会使几何特征具有较高的维度，因此，研究人员通常采用的几何特征降维方法为主成分分析法和线性判别分析法。前期融合以其简单的结构和训练过程，被更多地应用于多模态融合任务中，并且前期融合生成的预测结果也往往成为多模态融合任务中的预期基准。

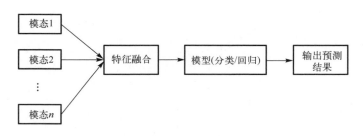

图 4-17　前期融合

2．后期融合

后期融合是在各模态建模完成后进行的多模态融合，通过对各模态模型进行训练，综合各个模型的输出结果以生成最终决策结果，也称决策级融合。

在后期融合过程中，首先对各个模态的特征进行提取，将所提取的特征输入相应的模型中，然后每个模型根据特征输出预测结果，最后整合所有输出预测结果，形成最终输出结果，如图 4-18 所示。

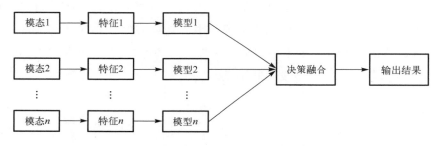

图 4-18　后期融合

后期融合的过程与各模态特征无关，一个模型输出错误，不会牵动整体，仅修改相应模型输入即可，错误可控性强；后期融合的数据处理异步性，使其可以随模态个数的增加扩展，在缺失某些模态时也可以预测。但后期融合未考虑各模态之间特征的相关性，在模态融合的实现方面，相比前期融合难度会更高。

3．混合融合

混合融合是指将特征进行特征级与决策级混合的融合，采用前期融合和后期融合相结合的方式，如图 4-19 所示。混合融合集成了前期融合与后期融合的优点，但同时也增加了预测模型的结构复杂度与模型训练难度。目前，将前期融合的特征捕捉与后期融合的处理过拟合优势相结合设计出的混合融合方式有较高的预测准确率，成为目前多模态融合方式中最为精准的融合方式。

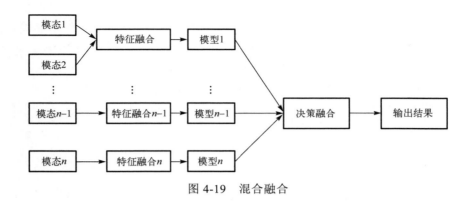

图 4-19　混合融合

4.3.3　多模态融合的应用

1．多模态会议摘要

据测算，平均每场会议会陈述大约 5000 个词语，会议摘要可以帮助人们简化会议内容，提升工作效率。但是会议摘要仅仅使用文本信息总结是不充分的，使用多模态融合技术，将文本、音频、视频甚至情绪、面部表情进行融合，以完善会议的全面内容，可以帮助人们更好地感受会议。

2．虚拟主播

虚拟主播以其模拟真人的语言、动作甚至说话形态在主播界"声名远扬"，其实现方法就是应用了多模态融合技术。将三维模型、模拟人声的播报及唇形动画等多个模态进行融合，最终实现观众所看到的虚拟主播。

实 践 篇

第5章

3D 模型制作

本章主要介绍如何制作虚拟主播人物形象的 3D^注模型，即先制作虚拟主播的真人面部模型，根据单张照片进行 3D 人脸重建；再制作虚拟主播的真人版 3D 模型，生成虚拟主播的人物形象。

5.1 基于单张照片的 3D 人脸重建

5.1.1 初识 FaceGen

FaceGen 是一款集成自定义 3D 面部网格和 UV 布局、可通过一张或多张照片建立真实 3D 人脸的 3D 人脸模型构建软件。使用 FaceGen 生成的 3D 人脸模型不受年龄、种族、性别的约束与限制，可进行年龄、种族、性别等多方面的修改，并且与多款软件兼容。FaceGen 已经应用在 3D 游戏中的虚拟现实人物角色创建、个性化 3D 打印服务等多个领域。

使用 FaceGen 进行 3D 人脸重建有以下优势。

1. 生成高质量 3D 人脸模型

FaceGen 可以根据用户输入的照片生成 3D 人脸模型，也支持 3D 扫描数据，即通过图像或数据的输入生成目标 3D 人脸模型。图 5-1 所示为 FaceGen 根据输入照片生成的 3D 人脸模型，以及 3D 人脸模型的正侧面展示。可以看出，生成的 3D 人脸模型与真人照片高度相似，因此 FaceGen 可以生成高质量 3D 人脸模型。

2. 使用简便高效

只需用户上传一张或多张特定角度的人脸照片（如图 5-2 所示），完成特征点标记（如图 5-3 所示）后，即可一键式生成 3D 人脸模型，步骤简便，生成的高质量 3D 人脸模型如图 5-4 所示。后续将进行详细介绍。

注：为方便与制作软件统一，从本章起，将三维称为 3D。

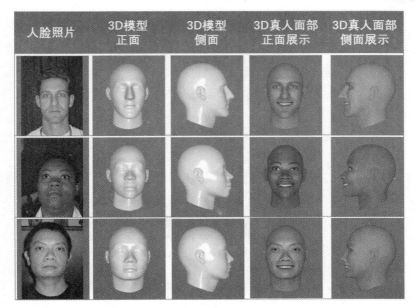

图 5-1　FaceGen 软件生成的 3D 人脸模型展示（来源于 FaceGen 官网）

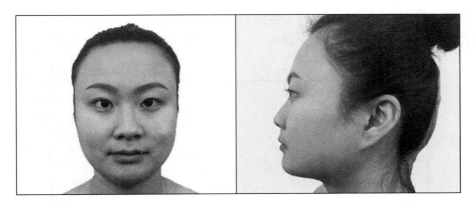

图 5-2　上传的人脸照片

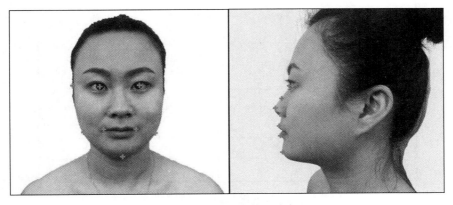

图 5-3　人脸照片的特征点标记

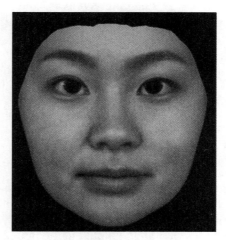

图 5-4　生成的高质量 3D 人脸模型

3. 生成随机人脸模型

在年龄、种族、性别等参数（如图 5-5 所示）的限制下，FaceGen 可根据用户选择生成随机人脸模型。随机人脸模型生成这一功能方便用户根据自己的需求或想法生成相应的随机人脸模型。图 5-6 所示为 FaceGen 中通过调节相应参数生成的多个随机人脸模型。

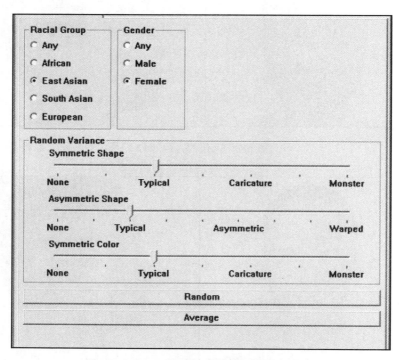

图 5-5　FaceGen 随机人脸模型的相关参数

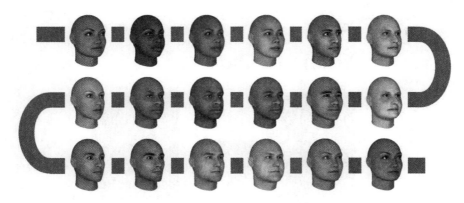

图 5-6　FaceGen 随机生成的 3D 人脸模型（来源于 FaceGen 官网）

4．对生成的 3D 人脸模型进行参数化调节

FaceGen 可对生成的 3D 人脸模型的年龄、种族、性别等（如图 5-7 所示）进行参数化调节，效果如图 5-8 至图 5-10 所示，甚至还可以将 3D 人脸"变"成漫画脸。

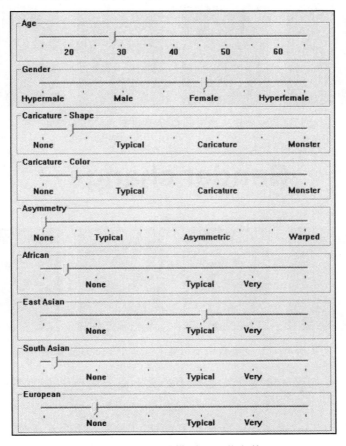

图 5-7　3D 人脸模型可调节参数

Age

Young to Old

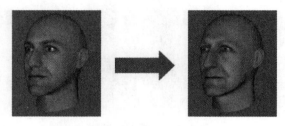

图 5-8　年龄参数调节结果（来源于 FaceGen 官网）

Race change

图 5-9　种族参数调节结果（来源于 FaceGen 官网）

Gender change

图 5-10　性别参数调节结果（来源于 FaceGen 官网）

　　另外，FaceGen 拥有 150 多个人脸细节参数，需要用户根据自己的需求选择相关参数进行控制。

　　综上所述，FaceGen 使用步骤简单，且便捷、高效，适合新手使用；生成的 3D 人脸模型质量与真人相似度都高。因此本书选择使用 FaceGen 生成 3D 人脸模型。

5.1.2　FaceGen 的使用

双击 FaceGen 应用程序图标（如图 5-11 所示），打开
FaceGen 应用程序窗口。进入 FaceGen 初始界面（如
图 5-12 所示），其中左侧框中显示的是初始化的三维人脸
（图中显示为训练后的三维人脸模型）；右侧界面中选项
很多，下面详细介绍。

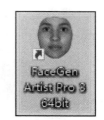

图 5-11　FaceGen 应用程序图标

1．"Create"界面

"Create" | "Photo"界面的功能是根据单张或多张人脸正侧面照片进行训练，生成
真人版 3D 人脸模型。图 5-12 所示为进行人脸正侧面照片上传的界面，所上传的照片需
要是在室内柔和光线下或使用闪光灯拍摄的清晰的照片，保证五官完全在照片的中部位
置。可以上传单张或多张照片进行训练，单击"Load Image"按钮即可上传照片；单击
"Clear Image"按钮，可以清除上传的照片；单击"Next"按钮则进入图片训练过程。选
择人脸正侧面照片有多种组合，如正面—左侧面—右侧面、正面—左侧面、正面—右侧
面。在上传人脸正面照片时，必须选择正面照片，否则会弹出"You must select a front
photo"的警告框。

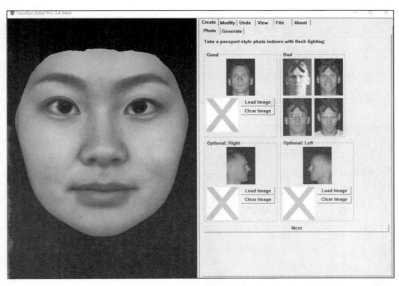

图 5-12　FaceGen 初始界面

在"Create" | "Generate"界面中，可根据界面中的选项生成随机 3D 人脸模型。在
种族（Racial Group）、性别（Gender）的选项组中可以选择生成人脸模型的种族与性别；
在"Random Variance"选项组中可以选择人脸对称性等特征。单击"Random"按钮，
软件根据所选种族、性别及人脸对称性等特征生成随机 3D 人脸模型；单击"Average"

按钮，软件只根据种族和性别生成平均对称 3D 人脸模型，不受"Random Variance"选项组中参数的影响。图 5-13 所示的人脸模型是在选择"East Asian"和"Female"后单击"Average"按钮生成的随机 3D 人脸模型。

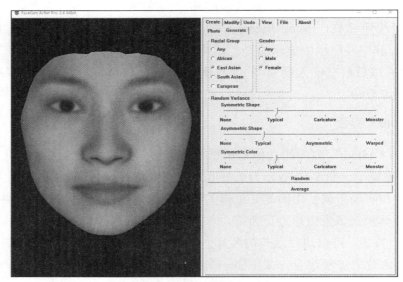

图 5-13　指定参数生成随机 3D 人脸模型

2."Modify"界面

"Modify"|"Demographics"界面（如图 5-14 所示）的功能是对训练后的 3D 人脸模型的特征信息进行调整和修改，是该软件中使用频率较高的界面，可对 3D 人脸模型的特征信息进行多方面调节，包括年龄、性别、种族、面部不对称性，甚至可以将生成的 3D 人脸模型漫画化，还可以调节生成漫画人脸的色彩。

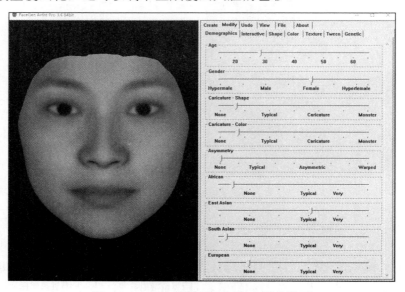

图 5-14　3D 人脸模型特征信息调节界面

"Modify"|"Texture"界面（如图 5-15 所示）的功能是为生成的 3D 人脸模型添加面部皮肤纹理。

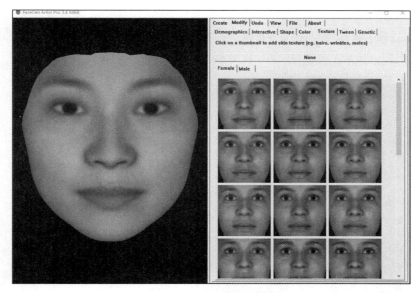

图 5-15　添加面部皮肤纹理界面

3．"Undo"界面

"Undo"界面（如图 5-16 所示）中，"Undo"按钮用于撤销对 3D 人脸模型特征信息的修改操作，但是不能对纹理或表达式进行撤销；"Redo"按钮用于重复上次撤销指令，使用条件是在上次撤销操作后没有对 3D 人脸模型的面部进行任何修改操作。

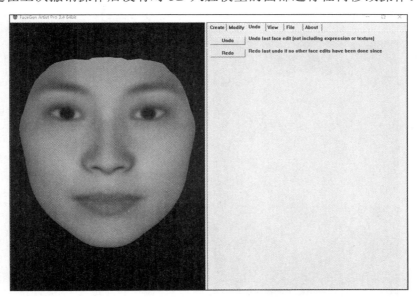

图 5-16　撤销界面

4．"View"界面

在"View"|"Camera"界面（如图 5-17 所示）中，可调节摄像机的远近，即对 3D 人脸进行放大、缩小的操作。"Reset Camera"按钮用于复原摄像机位置，即将摄像机位置恢复到默认状态。在"View"|"Render"界面中，可调节背景的三原色，在"View"|"Lighting"界面中可调节面部的三原色。

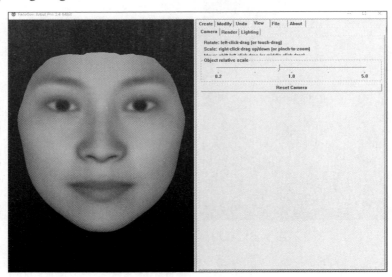

图 5-17　摄像机参数调节界面

5．"File"界面

在"File"|"Face"界面（如图 5-18 所示）中，"Save As"按钮用于保存目前生成的 3D 人脸模型，"Open"按钮用于导入之前保存的 3D 人脸模型。

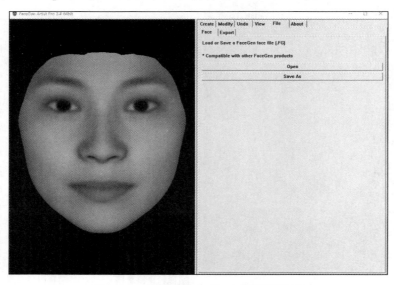

图 5-18　保存及导入 3D 人脸模型界面

在"File"|"Export"界面（如图 5-19 所示）中，可根据生成的 3D 人脸模型导出面部、手臂、腿等全身部位的贴图，以及 3D 人脸形变模型。导出的全身贴图和 3D 人脸形变模型将应用于真人版 3D 人物模型的建立。

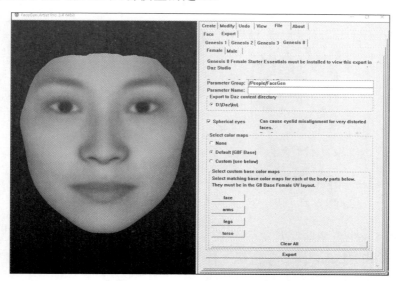

图 5-19　模型及贴图导出界面

5.1.3　3D 人脸模型重建的方法

1．人脸正侧面照片拍摄及处理

选择适宜的光线拍摄照片，如果环境光较暗，可以使用闪光灯；尽量选择白色墙面或单一色调的环境，这样可以减少周围环境对模型训练的影响；拍摄照片时，应将人脸置于正中央，并确保拍摄正面照片时人脸处于五官全部露出的状态，避免出现 FaceGen 中提示的错误照片形式，如反光、过于夸张的表情、戴眼镜等非正常面部姿态（如图 5-20 所示）。侧面拍照亦是如此。尽量根据 FaceGen 提示框中的人物位置、姿势拍摄正侧面照片。

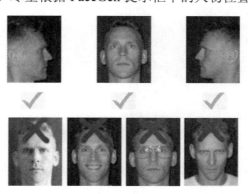

图 5-20　拍摄人脸照片正误示意图

2. 人脸正侧面照片上传及 3D 人脸模型训练

图 5-21 所示为用于 3D 人脸模型制作的人脸正侧面照片，如果想对拍摄的照片进行修饰与优化，可以使用 Photoshop。

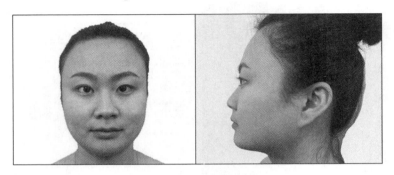

图 5-21　用于 3D 人脸模型制作的人脸正侧面照片

上面选择的人脸正侧面照片组合形式为"正面—左侧面"，在"Create"|"Photo"界面中，分别单击"Load Image"按钮上传人脸正面与左侧面照片，单击"Next"按钮，进入 3D 人脸模型训练过程，如图 5-22 所示。

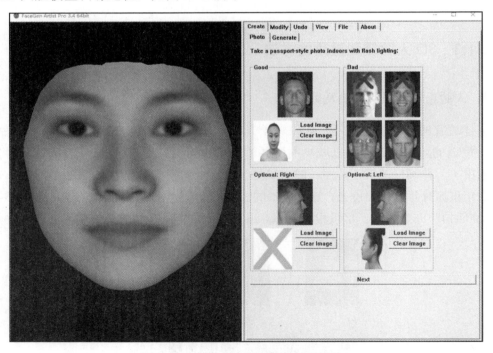

图 5-22　上传人脸正面与左侧面照片

根据图 5-23、图 5-24 中右上方的人物面部提示分别对上传的人脸正面与左侧面照片标记特征点。如果上传多张照片，则对每张照片中的人脸都标记特征点。

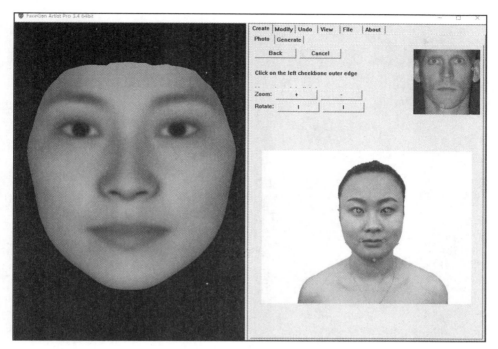

图 5-23　人脸正面照片特征点标记

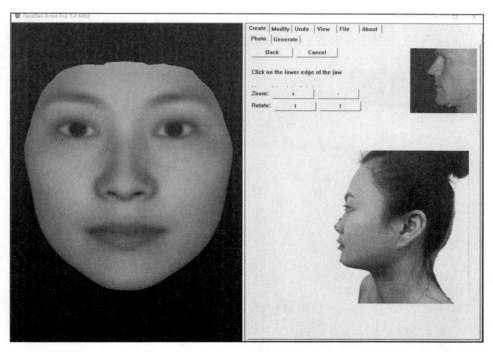

图 5-24　人脸左侧面照片特征点标记

之后单击"Create"按钮，进行 3D 人脸模型训练，如图 5-25 所示。

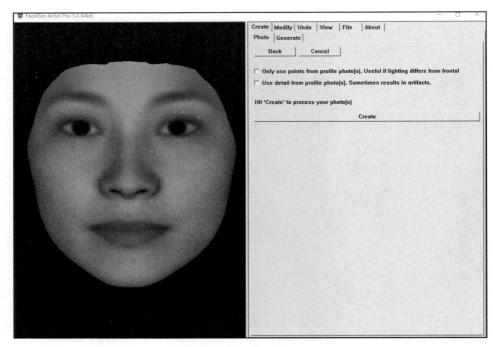

图 5-25　3D 人脸模型训练

3D 人脸模型训练完成后，在界面左侧框中会显示训练结果，在 "Modify" | "Demographics" 界面中可对训练后的 3D 人脸模型特征进行调整，如图 5-26 所示。

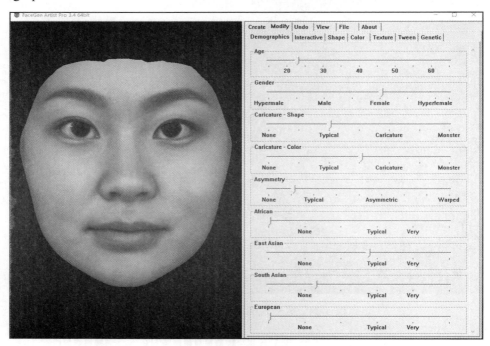

图 5-26　3D 人脸模型特征调整

3．导出 3D 人脸形变模型及全身贴图

将 3D 人脸模型调整至与人脸照片相似后，可以保存生成的 3D 人脸模型并导出 3D 人脸形变模型及全身贴图。进入"File"｜"Export"｜"Genesis 8"｜"Female"界面即导出界面（如图 5-27 所示），将模型命名为"Demo"，单击"Export"按钮，导出并保存 3D 人脸形变模型及全身贴图。

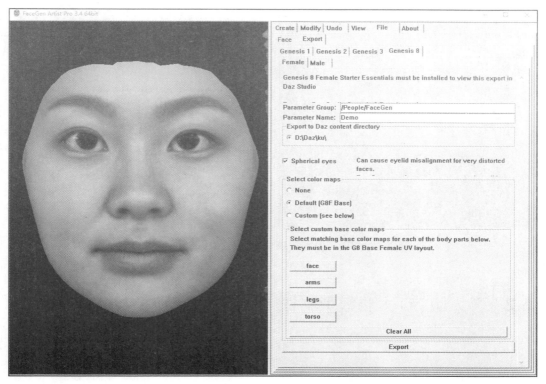

图 5-27　导出并保存 3D 人脸形变模型及全身贴图

导出后的结果如图 5-28 所示，图中"D:\Daz\ku\data\DAZ 3D\Genesis 8\Female\Morphs\FaceGen\Demo.dsf"为 3D 人脸形变模型的存储路径；"D:\Daz\ku\Runtime\Textures\FaceGen\Genesis8F\Demo\Demo_*"为根据 3D 人脸模型生成的全身贴图的存储路径。

上述导出路径为 DAZ Studio 的数据库，需要结合 DAZ Studio 软件完成该操作。本节为了叙述操作步骤的完整性，将 3D 人脸形变模型及全身贴图的导出操作先置于此处，后续将进行详细介绍。

基于人脸面部图像的 3D 人脸模型重建完成，下面介绍如何制作真人版 3D 人物模型。

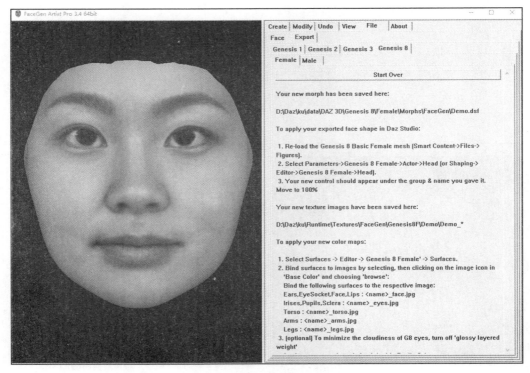

图 5-28　3D 人脸形变模型及全身贴图的存储路径

5.2　真人版 3D 人物模型制作

5.2.1　初识 DAZ Studio

　　DAZ Studio 是 DAZ 3D 公司出品的一款用于创建和渲染 3D 人物模型的软件。起初，DAZ 3D 公司为 Poser 开发大量可编辑 3D 人物造型库，在逐渐积累造型库开发的技术与经验后，DAZ 3D 公司推出了一款专业的 3D 人物动画设计软件 DAZ Studio（如图 5-29 所示），自此专注于 3D 内容的发展，将内容与 3D 开发爱好者关联起来，开拓了产销合一的市场，逐渐扩大了自己的 3D 软件产品。

　　DAZ Studio 作为一款 3D 人物动画设计软件，始终免费提供使用，并且带有免费的 3D 模型和其他入门包。在 DAZ Studio 中，可以借助庞大且不断增加的内容库来完成动态渲染、动画制作等，对初学者来说，它是一把打开 3D 世界的"钥匙"。用户在其中不仅可以自由添加人物、场景环境等虚拟元素，还可以设置相关主题及光线效果，充分释放想象力，构建属于自己的宇宙，创造美好且震撼的数字艺术世界。

图 5-29 DAZ Studio 4.12 软件界面

使用 DAZ Studio 制作真人版 3D 人物模型有以下优势。

1. 入门容易，操作简便

DAZ Studio 中包含初学者教程。无须建模基础，新手可以通过导入人物模型，增加衣服、发饰、鞋子等简单的操作，轻松装扮 3D 人物角色，从而创建出具有质感的 3D 人物模型，如图 5-30 所示。

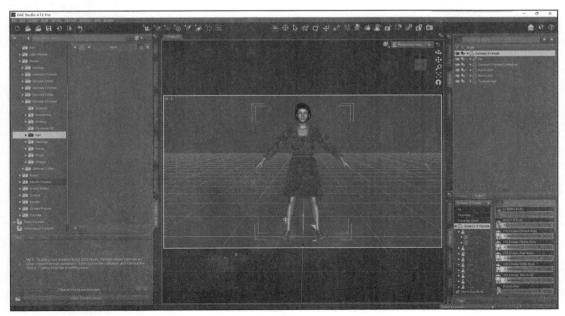

图 5-30 创建 3D 人物模型

2．功能强大

无论是初学者，还是精通 3D 的艺术家，或是 3D 动画师，DAZ Studio 都能让其轻松创造出令人惊叹的 3D 艺术作品，案例 Forest Fairy 如图 5-31 所示。

图 5-31　Forest Fairy（来源于 DAZ 3D 官网）

DAZ Studio 的主要功能如下。

（1）提供 3D 人物模型创建高级平台及渲染效果

DAZ Studio 提供的 3D 人物模型创建平台是全新的 Genesis 系列数字平台。Genesis 系统为用户提供创建数字变化的"无限集合"。DAZ Studio 采用 DNASOFT 公司的渲染技术，并支持 Renderman 渲染器，从而可以提升渲染速度，增强渲染质量。

（2）可编辑的骨骼系统

DAZ Studio 提供可编辑的骨骼系统，可以通过修改参数调节面板上的参数来控制人物模型细节的生成。

图 5-32 所示为 3D 人物模型的身材参数调节面板，用户可以根据自己的需求调节相关参数，将 3D 人物模型的身材调节为理想模式。骨骼编辑系统不仅包括身材调节，还包括对人物面部的调节，如眼睛大小、鼻梁高低、眉毛形式，甚至一些细微的调节，如眼睑上下的调节、眼位拉长的调节等。

DAZ Studio 的骨骼关节点采用动力学构造方式，例如，调节手臂位置时，如果牵动方式幅度过大，动力学系统就会据此改变身体的造型，可能会造成身体前移或变形。融入动力学的设计可以帮助用户更好地调节或改变模型的姿势，图 5-33 中的左图为人物手型调整，右图为渲染后的效果。可以看出，融入动力学后对骨骼进行调整，3D 人物模型更加真实。

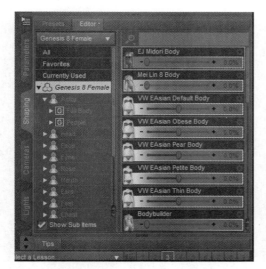

图 5-32　3D 人物模型的身材参数调节面板

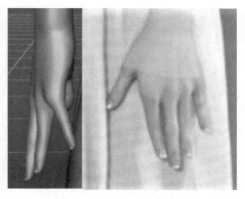

图 5-33　3D 人物模型手型调节及渲染效果

（3）可改变的材质属性

DAZ Studio 允许用户改变材质的属性，可编辑的材质属性包括表面颜色、表面贴图、凹凸贴图、透明贴图、位移贴图等。

其中，表面贴图最常用，也是实现一个真人版 3D 人物模型的关键所在。在 DAZ Studio 中，导入 FaceGen 生成的 3D 真人面部贴图，改变基础 3D 人物的面部材质属性（如图 5-34 所示），可以生成真人版 3D 人物模型，如图 5-35 所示。

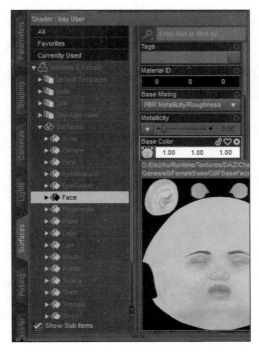

图 5-34　改变 3D 人物面部材质属性

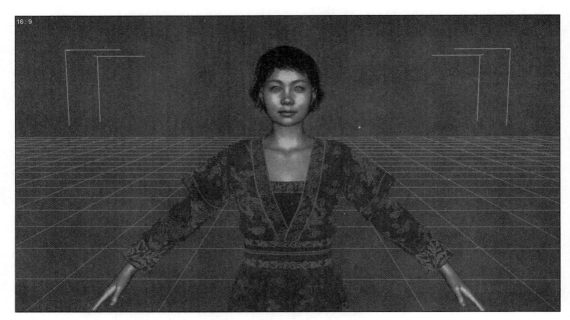

图 5-35　真人版 3D 人物模型

在 DAZ Studio 中，基于独特的"变形"模式，除轻松换脸、换皮肤外，更有上万套服饰、头发、道具及渲染预设等可以一键使用，如图 5-36 至图 5-39 所示。

图 5-36　DAZ Studio 人物服饰改变（来源于 DAZ 3D 官网）

图 5-37　DAZ Studio 人物发色改变（来源于 DAZ 3D 官网）

图 5-38　DAZ Studio 人物发型改变（来源于 DAZ 3D 官网）

图 5-39　DAZ Studio 蛋糕店道具（来源于 DAZ 3D 官网）

（4）独特的艺术和动画设计工具

DAZ Studio 提供虚拟人物、动物、车辆、环境、道具、配件等模型，用户可以根据需求选择相应主题、设置及配置元素，如图 5-40 至图 5-43 所示。完成主题设置、元素选择后，结合光线效果设置，就可以创造出美丽的艺术作品。

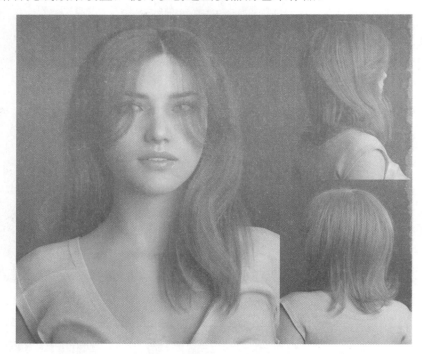

图 5-40　DAZ Studio 人物模型（来源于 DAZ 3D 官网）

图 5-41　DAZ Studio 动物模型（来源于 DAZ 3D 官网）

图 5-42 DAZ Studio 车辆模型（来源于 DAZ 3D 官网）

图 5-43 DAZ Studio 环境模型（来源于 DAZ 3D 官网）

（5）全新文件格式

　　DAZ Studio 采用全新的文件格式，因为其文件尺寸小，所以能轻松转换文件格式。在开放的文件格式下打开其中的内容，还能在 3D 软件中轻松编辑，并且不会因在第三方平台构建而出现内部约束的问题。

3. 多软件交互

DAZ Studio 不仅支持本身的 DZ 格式，还集成了 FBX、OBJ、DAE 等多种导出格式，导出的文件方便导入 Maya、3ds Max，Cinema 4D、Unity3D、UE4 等软件中。这一优势使 DAZ Studio 可以实现多软件交互，开发更精准。

前面使用 FaceGen 利用真人正侧面照片生成了真人版 3D 人脸模型，而 DAZ Studio 良好的兼容性与交互性，使 FaceGen 所生成的 3D 人脸形变模型与全身贴图可以被更好地导入 DAZ Studio 中，如图 5-44 所示。

图 5-44　DAZ Studio 与 FaceGen

在 DAZ Studio 中，对基础 3D 人物模型结合 FaceGen 所导入的 3D 人脸形变模型及全身贴图，可调整骨骼参数，以更好地生成真人版 3D 人物模型，如图 5-45 所示。

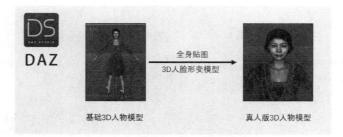

图 5-45　DAZ Studio 生成真人版 3D 人物模型

DAZ Studio 可以导出 FBX 格式文件，FBX 格式文件支持将 DAZ Studio 生成的 3D 人物模型直接导入 Maya 中进行动画制作。安装相关插件后，DAZ Studio 支持一键操作将 3D 人物模型发送给 Maya（如图 5-46 所示），并自动装配 HumanIK 人体控制器。

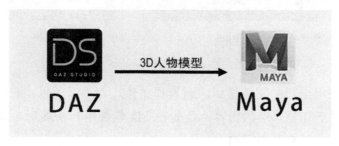

图 5-46　DAZ Studio 与 Maya

在 Maya 中使用真人版 3D 人物模型制作动画（如图 5-47 所示），将在第 6 章中详细介绍。

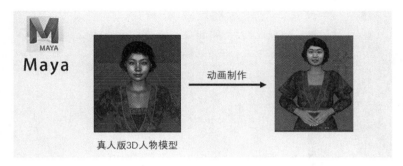

图 5-47　Maya 动画制作

DAZ 3D 公司已经构建了一个全新的开放性平台，同时宣布将支持任何提供 FBX 文件格式的工具。因此，除以上软件外，DAZ Studio 还可与 Marvelous Designer、Character Creator 及 iClone 等软件结合使用（如图 5-48 所示）。

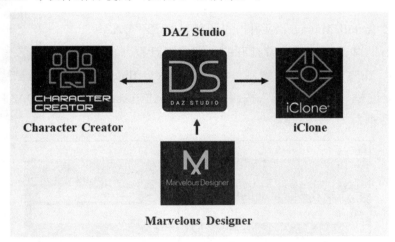

图 5-48　DAZ Studio 与多软件交互

5.2.2　DAZ Studio 的安装

1. DAZ Install Manager 的安装

在安装 DAZ Studio 之前要安装 DAZ Install Manager。双击下载好的安装程序，进入安装界面，单击"Next"按钮进入安装过程对话框（如图 5-49 所示）。

按照对话框中的提示安装完成后，可在计算机桌面上看到 DAZ Install Manager 应用程序图标，如图 5-50 所示。

图 5-49　DAZ Install Manager 安装过程对话框

2．DAZ Install Manager 配置及使用

双击 DAZ Install Manager 应用程序图标，打开"DAZ Install Manager"对话框，紧接着打开的是登录对话框（如图 5-51 所示），在对话框中输入账号，勾选"Work Offline"（离线登录）复选框，单击"Start"按钮，返回"DAZ Install Manager"对话框。

图 5-50　DAZ Install Manager 应用程序图标

图 5-51　DAZ Install Manager 登录对话框

接着设置 DAZ Studio 存储路径，需要在容量较大的硬盘分区中设置两个路径：第一个是下载的素材安装包的存储路径，第二个是素材安装包的安装路径。文件名称可以自行设置。本书中，在 D 盘创建名为 "Daz" 的文件夹，在 "Daz" 文件夹中创建 "ku" 和 "xiazai" 两个文件夹，如图 5-52 所示。"xiazai" 文件夹中存储的是素材安装包，"ku" 文件夹所在路径则作为素材安装包的安装路径，"ku" 文件夹也是 DAZ Studio 的素材库。

图 5-52　存储路径设置

路径设置完成后，需要对 DAZ Install Manager 的文件路径进行配置。如图 5-53 所示，单击 "DAZ Install Manager" 对话框右上角的设置按钮，打开 "Settings" 对话框，如图 5-54 所示。

图 5-53　单击设置按钮

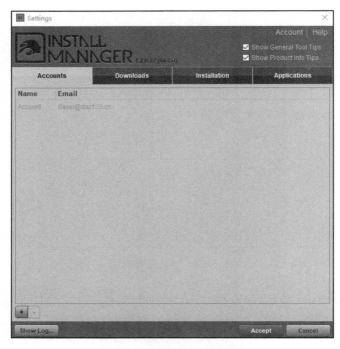

图 5-54 "Settings" 对话框

在 "Downloads" 选项卡中，将 "Package Archive" 的路径设置为 "D:/Daz/xiazai"，即素材安装包的存储路径，如图 5-55 所示。

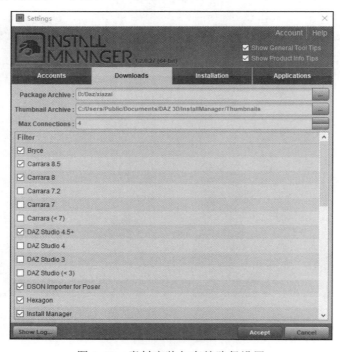

图 5-55 素材安装包存储路径设置

在"Installation"选项卡中，单击左下角的"+"按钮，增加"D:/Daz/ku"路径，即素材安装包的安装路径，如图 5-56 所示。将原始路径删除，仅保留建立的新路径。单击"Accept"按钮，完成路径设置。

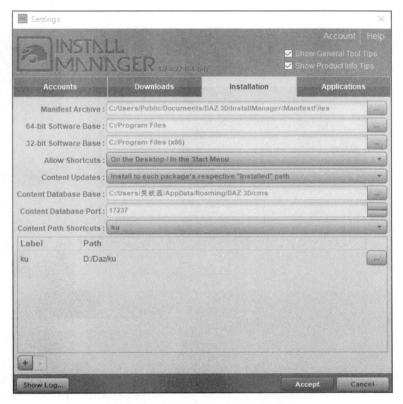

图 5-56　素材安装包安装路径设置

FaceGen 中的全身贴图存储路径也是"D:/Daz/ku"，通过 FaceGen 生成的 3D 人物模型全身贴图和 3D 人脸形变模型都保存到 DAZ Studio 的素材库中，以便在 DAZ Studio 中使用。完成 DAZ Studio 的安装后，可在 FaceGen 的导出界面中导出 3D 人脸形变模型及全身贴图。

本书提供的"Material package"文件夹中包含开发书中案例所需的素材安装包，可将其复制到"D:/Daz/xiazai"目录文件夹中。刷新或重启 DAZ Install Manager 软件后，打开的"DAZ Install Manager"对话框中将显示载入的素材安装包，如图 5-57 所示。

在"DAZ Install Manager"对话框中勾选"Products"复选框，选择所有的安装包，单击"Start Queue"按钮安装 DAZ Studio 及素材安装包，如图 5-58 所示。安装完成界面如图 5-59 所示。

图 5-57　载入的素材安装包

图 5-58　安装素材安装包

3．DAZ Studio 的安装与配置

DAZ Studio 及素材安装包需要通过 DAZ Install Manager 进行安装。DAZ Install Manager 执行完安装任务后，在计算机桌面上会出现 DAZ Studio 应用程序图标，如图 5-60 所示。

图 5-59　安装完成界面　　　　　　　图 5-60　DAZ Studio 应用程序图标

（1）启动 DAZ Studio

双击 DAZ Studio 应用程序图标，打开 DAZ Studio 应用窗口，会出现登录对话框，如图 5-61 所示，选择离线模式（Work Offline）。

图 5-61　DAZ Studio 登录对话框

再次打开 DAZ Studio 后，还会要求登录，仍然选择离线模式，单击"Next"按钮，输入昵称。勾选"Do not show this again"复选框，下次打开软件时，就不会再弹出登录对话框了。

（2）修改素材库路径

选择"Edit"|"Preferences"命令或直接按"F2"键，打开"Preferences"对话框，如图 5-62 所示。打开"Content"选项卡，单击"Content Directory Manager"按钮。

打开"Content Directory Manager"对话框，如图 5-63 所示，其中有 4 个目录，第一个为系统默认目录，无须修改，只修改下面三个目录。单击侧边栏中的"Add"按钮，添加"D:/Daz/ku"路径，该路径为素材安装包的安装路径即素材库路径，此路径与 DAZ Install Manager 设置的安装路径一致即可。在修改路径的三个目录时，出现的其他路径可以删除也可以保留，删除按钮为"Remove"。单击"Accept"按钮，返回"Preferences"对话框，如图 5-62 所示，单击"Apply"按钮完成素材库路径修改。

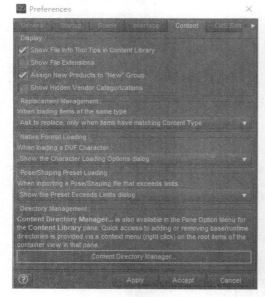

图 5-62　库路径修改

图 5-63　完成库路径修改

DAZ Studio 的安装与配置操作完成，下面介绍如何使用 DAZ Studio。

5.2.3　DAZ Studio 的使用

DAZ Studio 素材库中包括基础人物、服饰、姿态及场景，下面主要介绍人物、服饰及基础操作。

1．人物、服饰

首先在 DAZ Studio 工作界面左侧框中选择"Content Library"（如图 5-64 所示），这

里展示的素材都是通过 DAZ Install Manager 安装的素材库，其中包括人物（People）、场景（Scenes）、环境（Environments）、灯光预设（Light Presets）等。

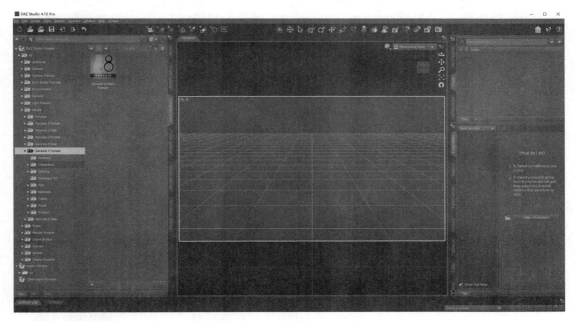

图 5-64　DAZ Studio 工作界面

　　人物（People）素材库中包括男性和女性的素材库，如图 5-65 所示，常用的是"Genesis 8 Female"和"Genesis 8 Male"素材库。

　　如图 5-66 所示，"Genesis 8 Female"素材库中包括女性人物角色（Characters）、服装（Clothing）、发型（Hair）及动作（Poses）等。

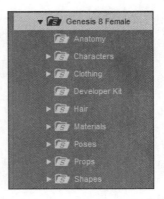

图 5-65　人物素材库　　　　　　　　图 5-66　"Genesis 8 Female"素材库

　　选择"Genesis 8 Female"|"Characters"选项，会显示 3D 人物角色，双击其中任一角色，可将该 3D 人物角色载入"Viewport"显示框中。单击其中的 3D 人物，选择"Clothing"|"Basic Wear"选项，如图 5-67 所示，在展示框中双击某套衣服可给 3D 人物穿上该套衣服。

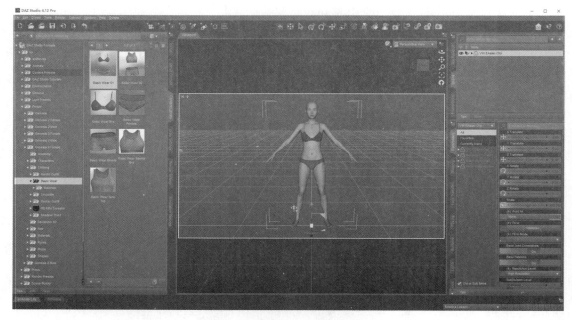

图 5-67　为 3D 人物穿衣服

为人物增加发型的操作与穿衣服的操作类似，此处选择"Hair"|"Toulouse Hair"选项，如图 5-68 所示，双击该发型可为 3D 人物增加发型装饰。

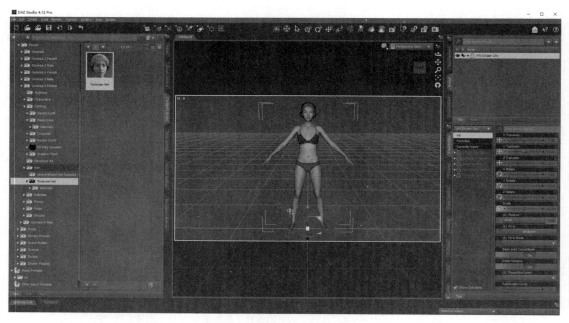

图 5-68　增加发型装饰

人物头发与服装的颜色都是可以改变的。以"Toulouse Hair"为例，选择"Toulouse Hair"|"Materials"|"ToXic"选项，如图 5-69 所示，展示框中有多种颜色可以选择。

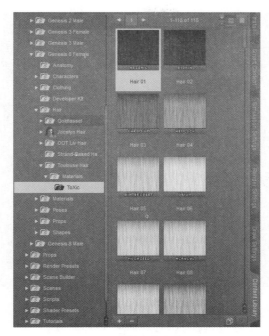

图 5-69 人物头发颜色展示

　　更换人物头发颜色的具体操作是，先在"DAZ Studio"界面右上方场景面板中，双击人物角色节点"VW EAsian Cho"，再选择"VW EAsian Cho"|"Toulouse Hair"选项，如图 5-70 所示；再选择"Toulouse Hair"|"Materials"|"ToXic"|"Hair 01"选项，双击该选项完成人物头发颜色的更换，如图 5-71 所示。服装颜色及材质的更换也是如此，先在人物角色节点中选择需要更换的服装，再双击选择更换的颜色、材质，更换完成。

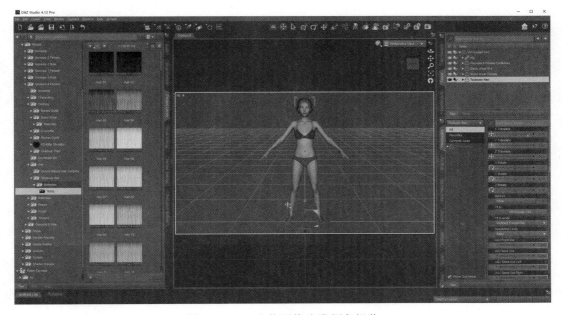

图 5-70 3D 人物更换头发颜色操作

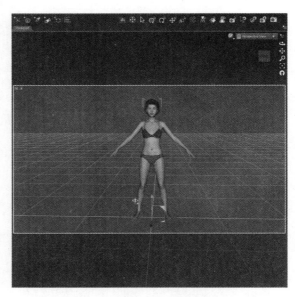

图 5-71　人物头发颜色更换完成

　　一般只能选择与人物角色相对应的服饰，因为服饰对人物的适配度最高。以 Genesis 8 Female 人物角色为例，如果想为人物角色选择 Genesis 3 Female 的服饰或 Genesis 8 Male 的服饰，DAZ Studio 也给出了相应的角色服饰适配的解决方法。

　　下面以 Genesis 8 Female 的人物角色更换 Genesis 3 Female 中的服饰为例详细介绍。选择人物角色节点"VW EAsian Cho"，选择"Genesis 3 Female"|"Clothing"|"Dark Storm"选项，双击第一个服饰，打开"Auto-Fit:Dark Storm Pants"对话框。在"Auto-Fit:Dark Storm Pants"对话框中，根据其中的选项可以对不同的基础模型进行素材的自动适配，如图 5-72 所示。

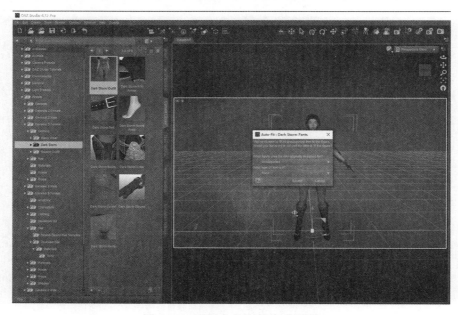

图 5-72　不同角色服饰自动适配

如图 5-73 所示，在"Auto-Fit:Dark Storm Pants"对话框中，"What figure was the item originally designed for?"用于询问适配的基础人物，即选择该素材的原本适配人物，此处选择"Genesis 3 Female"选项；"What type of item is it?"用于询问该素材的类型，此处选择"Full-Body"选项，单击"Accept"按钮应用设置。服饰自适应修正后的人物角色整体展示如图 5-74 所示。选择不同基础角色、不同类型的服饰可以使用"Auto-Fit"自适应素材修正功能进行自动适配。

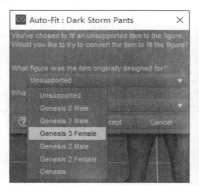

图 5-73　"Auto-Fit:Dark Storm Pants"自适应素材修正对话框

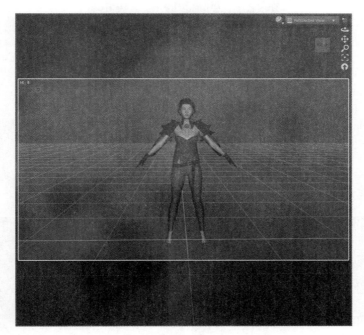

图 5-74　服饰自适应修正后的人物角色整体展示

2．快捷键

DAZ Studio 常用快捷键如表 5-1 所示。

表 5-1　DAZ Studio 常用快捷键

快　捷　键	实　现　功　能
Ctrl + Alt + 鼠标左键	旋转视图
Ctrl + Alt + 鼠标右键	移动视图
鼠标滚轮	缩放视图
Ctrl + ↑/↓/←/→	人物后视图/前视图/右视图/左视图
Alt+↑/↓	人物顶视图/底视图
W/S/A/D	前进/后退/左移/右移视图
I/K/J/L	前进/后退/左移/右移摄像机
Ctrl + 1/2/3/4/5/6/7/8/9/0	切换显示模式
Ctrl + F	定位所选对象
Ctrl + P	默认透视视图
Ctrl + L	开灯/关灯

在 DAZ Studio 工作界面右侧有 5 个图标（如图 5-75 所示），从上向下依次为"旋转"、"平移面板"、"放大/缩小人物"、"定位所选人物"及"回归原始视图"。

图 5-75　5 个图标

如图 5-76 所示，在"Perspective View"下拉列表中可以选取视图；在显示模式下拉列表中可以切换显示模式。

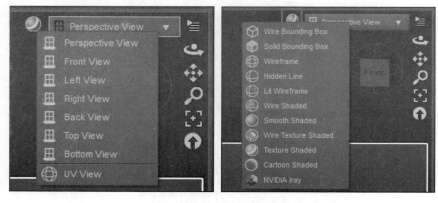

图 5-76　选取视图及切换显示模式

3. 3D 人物模型的渲染、保存与导出

（1）渲染

选择"Render"|"Render"命令（快捷键为 Ctrl+R），进行渲染，如图 5-77 所示。因为没有加入灯光，所以渲染结果展示（如图 5-78 所示）中的人物皮肤有些发黑。将渲染图像命名为"Demo"，单击"Save"按钮，即可保存渲染图像。

图 5-77 3D 人物模型渲染操作

图 5-78 渲染结果展示

（2）保存

选择"Genesis 8 Female"|"Characters"选项，单击"Characters"面板下方的"+"按钮，选择"Character Preset"选项，如图 5-79 所示；打开如图 5-80 所示的"Filtered Save"对话框，命名后单击"保存"按钮；在如图 5-81 所示的"Character Preset Save Options"对话框中单击"Accept"按钮，即可保存模型。可在"Characters"面板中看到保存模型的预览，如图 5-82 所示，保存模型的目的是方便在 DAZ Studio 中直接使用制作好的模型，并对该模型进行修改。

（3）导出

DAZ Studio 所建立的 3D 人物模型可导出为 FBX 格式的文件，具体操作方法是，选择"File"|"Export"命令，在弹出的对话框中先命名，再单击"保存"按钮，即可导出 FBX 模型。FBX 模型可以更好地应用在其他软件中。

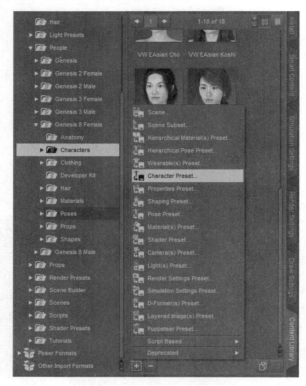

图 5-79　模型保存操作

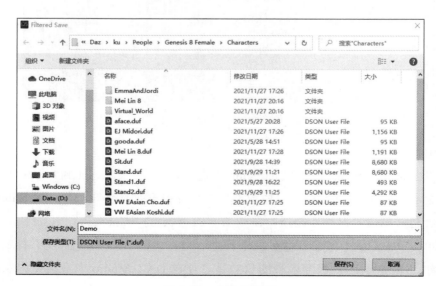

图 5-80　命名并保存

图 5-81 "Character Preset Save Options" 对话框

图 5-82 模型预览

5.2.4 生成真人版 3D 人物模型

1. Genesis 8 Female 基础人物模型

选择 "Genesis 8 Female" | "Genesis 8 Basic Female" 选项，双击该选项导入 Genesis 8 Female 基础人物模型，如图 5-83 所示；再选择服装和发型，如图 5-84 所示。选择 "Genesis 8 Female" | "Clothing" | "Crocodile" | "Hanfu" 选项，为基础人物模型选择汉服服装，还可以更换服装颜色和材质。

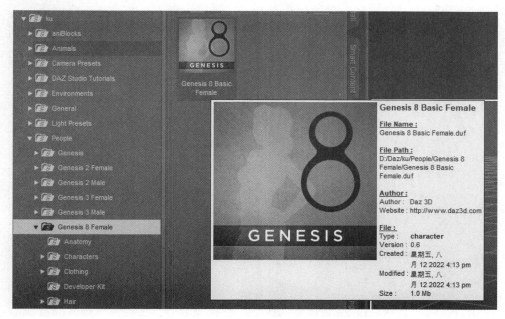

图 5-83 导入 Genesis 8 Female 基础人物模型

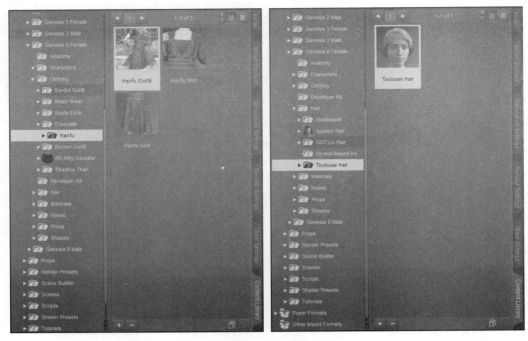

图 5-84　选择服装与发型

发型选择"Genesis 8 Female"|"Hair"|"Toulouse Hair"。如图 5-85 所示，选择人物节点"Genesis 8 Female"|"Toulouse Hair"，选择"Genesis 8 Female"|"Hair"|"Materials"|"ToXic"（图 5-85 右）选项，双击"Hair 01"选项，更换人物头发颜色。

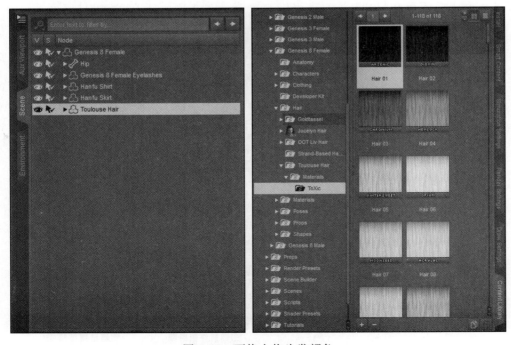

图 5-85　更换人物头发颜色

加入服装与发型的 Genesis 8 Female 基础人物模型，如图 5-86 所示。

图 5-86　基础人物模型

2．导入 FaceGen 生成的 3D 人脸形变模型

在 5.1.3 节中导出的 3D 人脸形变模型名称为"Demo"。导入"Demo"模型，编辑控制区位于 DAZ Studio 工作界面右下方，如图 5-87 所示。

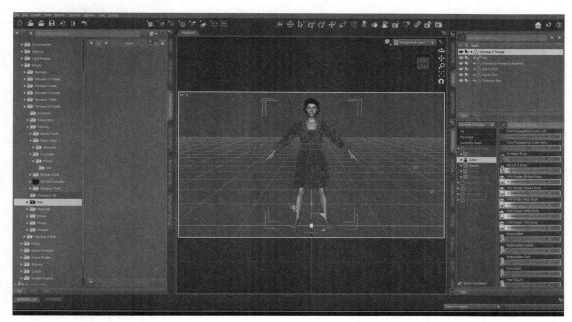

图 5-87　编辑控制区

如图 5-88 所示,在"Scene"面板中选择人物节点"Genesis 8 Female",在编辑控制区打开"Shaping"面板,在搜索框中输入"Demo",选择"Head"选项,右侧栏中"Demo"的展示条显示为"0",将其调整为"100%",为 Genesis 8 Female 基础人物模型导入"Demo"3D 人脸形变模型。

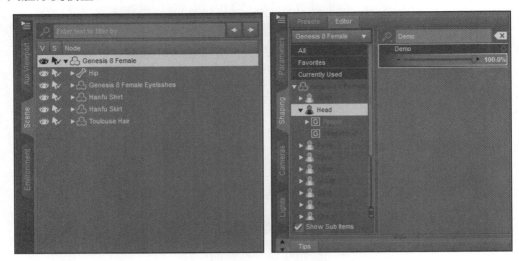

图 5-88 3D 人脸形变模型导入

导入"Demo"3D 人脸形变模型后的 3D 人物模型如图 5-89 所示,它比人脸照片的真实度略低。下面载入 FaceGen 生成的 3D 人物模型的全身贴图。

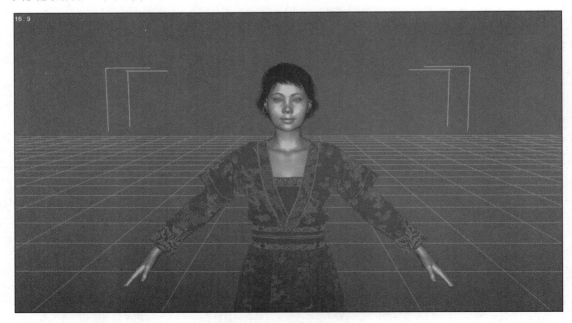

图 5-89 3D 人物模型

3．导入全身贴图

在 5.1.3 节中，导出的 3D 人物模型全身贴图保存在"Demo"文件夹中。将导入的"Demo"3D 人脸形变模型的 Genesis 8 Female 基础人物模型的面部、手臂、腿及身体替换成 FaceGen 生成的 3D 人物模型全身贴图。

如图 5-90 所示，在编辑控制区，选择"Surface"|"Genesis 8 Female"|"Surfaces"|"Face"选项，在"Base Color"选项组中单击贴图按钮，出现选择列表，选择"Browse"选项，打开"Open Image FemaleBase"对话框，选择面部贴图。FaceGen 全身贴图的位置为"D:\Daz\ku\Runtime\Textures\FaceGen\Genesis8F\Demo\Demo_*"，根据全身贴图存储路径打开"Demo"文件夹，选择其中的脸部贴图"Demo_face.jpg"，如图 5-91 所示，单击"打开"按钮，基础人物模型的 Face 就被赋予了 FaceGen 生成的面部贴图。

除 Face（面部）外，Lips（嘴唇）、Ears（耳朵）、EyeSocket（眼眶）都使用面部贴图"Demo_face.jpg"，选择贴图的步骤与 Face（面部）贴图相同。对 Face 进行贴图后，单击"Base Color"选项组中的贴图按钮时，选择列表中会出现"Demo_face.jpg"这个选项，直接选择"Demo_face.jpg"选项即可快速完成面部贴图。

面部贴图完成后，3D 人物模型的脸部与真人照片的相似度提高了，如图 5-92 所示。

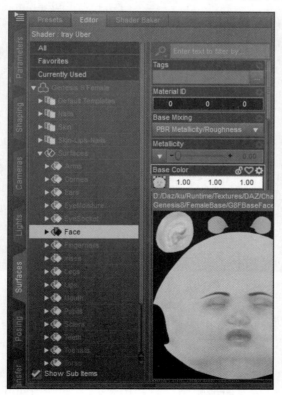

图 5-90　3D 人物面部贴图操作

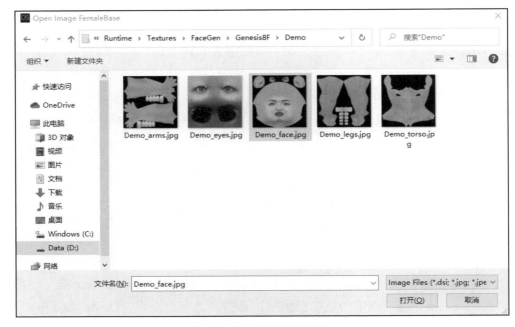

图 5-91　选择面部贴图

图 5-92　完成面部贴图后的 3D 人物模型

　　下面对基础人物模型的身体进行贴图，操作步骤与面部贴图一致。其中，Torso（身体躯干）对应"Demo_torso.jpg"，Legs（腿）对应"Demo_legs.jpg"，Arms（手臂）对应"Demo_arms.jpg"。

　　最后对眼睛进行贴图，操作步骤与面部贴图一致。Irises（虹膜）、Pupils（瞳孔）、Sclera（眼白）均使用眼部贴图"Demo_eyes.jpg"。

完成人物模型的全身贴图后，3D 人物模型的真实度进一步提升，如图 5-93 所示。

图 5-93　完成全身贴图后的 3D 人物模型

4．真人版 3D 人物模型微调

在编辑控制区，打开"Shaping"面板，如图 5-94 所示。选择"Genesis 8 Female"选项，根据真人照片对 Face、Eyes 等部位进行微调。

图 5-94　3D 人物模型微调操作

DAZ Studio 对其中的人物模型进行了骨骼绑定，使其关节十分灵活，模型可根据需要呈现出相应姿态。因为本书中制作的真人版 3D 人物模型是基于 AI 的虚拟主播，所以被赋予主播的基本姿态，如图 5-95 所示。

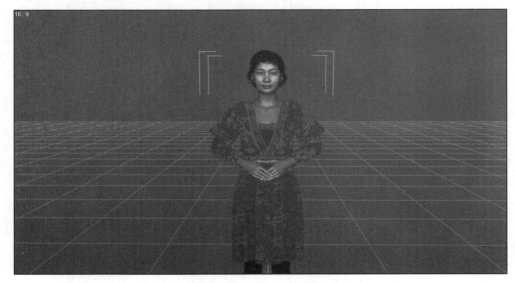

图 5-95   主播的基本姿态

保存该模型，并将其命名为"Demo_pose"，如图 5-96 所示。

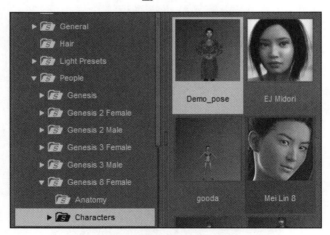

图 5-96   3D 人物模型保存

将"Demo-pose"模型导出为 FBX 模型，该模型将用于后续的语音合成实现。选择"File"|"Export"命令，打开"Export File"对话框，在"文件名"文本框中输入"Demopose"，单击"保存"按钮，如图 5-97 所示。打开"FBX Export Options"对话框，选择导出的选项，如图 5-98 所示。单击"Accept"按钮，完成 FBX 模型的导出。在保存的"Demo"文件夹中可以看到导出的 FBX 模型，如图 5-99 所示。

图 5-97 "Export File"对话框

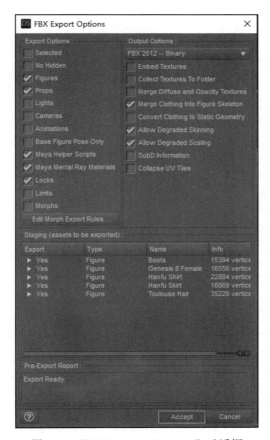

图 5-98 "FBX Export Options"对话框

图 5-99　FBX 模型所在的文件夹

第**6**章
语 音 合 成

本章主要介绍如何实现虚拟主播的真人语音生成与口型动画，先进行真人语音模型训练，实现根据输入的新闻稿件生成真人语音；再根据真人语音生成相应的唇形数据，根据唇形数据完成 3D 真人模型的语音合成。

6.1 语音合成的实现

本书选择的语音合成平台是阿里云智能语音交互平台。下面介绍阿里云智能语音交互平台的使用，包括项目创建及个性化人声定制；在完成人声定制后，输入新闻稿件文本信息，实现真人版语音输出。

6.1.1 阿里云智能语音交互平台的使用

1. 阿里云智能语音交互平台注册与登录

进入阿里云智能语音交互平台的个性化人声定制界面。没有登录过阿里云智能语音交互平台的用户需要先注册，注册完成后，在登录界面（如图 6-1 所示）登录，然后进入"个性化人声定制"界面，如图 6-2 所示。

图 6-1　登录界面

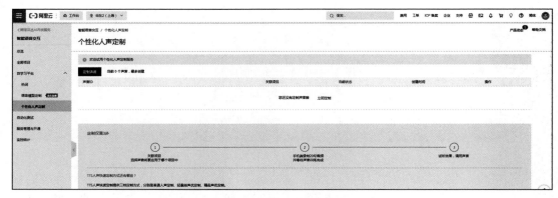

图 6-2 "个性化人声定制"界面

2．个性化人声定制项目创建

在"个性化人声定制"界面中单击"定制声音"按钮，在打开的"个性化人声定制"对话框中指定定制声音将应用于哪个项目中，若没有可用项目，则选择"去创建项目"选项，如图 6-3 所示，创建一个新项目。

图 6-3　去创建项目

单击"创建项目"按钮，在打开的"创建项目"对话框中，输入项目名称"AIReport"，还可以简单描述项目场景，单击"确定"按钮，完成项目创建，如图 6-4 所示。完成创建后，就可以对项目进行简单配置。

图 6-4　"创建项目"对话框

在左侧栏中选择"个性化人声定制"选项，返回"个性化人声定制"对话框，指定项目为"AIReport"，单击"确定"按钮，如图6-5所示。如图6-6所示，显示声音与项目关联成功，扫描二维码或登录指定网址可以进入"声音克隆流程"界面。

图 6-5　指定项目

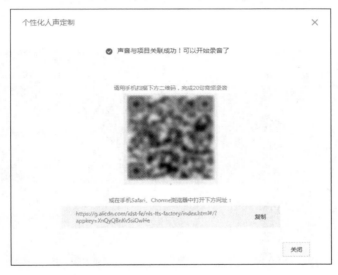

图 6-6　声音与项目关联成功

3．个性化人声定制

在"声音克隆流程"界面，如图6-7所示，选择"我已阅读并同意《智能语音声音模型定制服务协议》"单选按钮，单击"开始克隆→"按钮；进入"声音命名"界面（如图6-8所示），输入声音ID"AIReport123456"，选择性别"女"，选择使用场景"故事"，单击"开始录制→"按钮，进入"录制进行中"界面，如图6-9所示。

声音录制过程一共需要录制20条音频信息。"朗读示范"为用户提供一个标准的朗读音频，建议用户听完朗读示范后再录制音频。单击话筒按钮，开始录制，一般单击话筒按钮后，停顿两三秒再发出声音，这样录制的音频会更清晰。录制完成后可以回放所录制的音频，若不满意可重新录制；若满意则录制下一条音频信息。录制完成后要提交20条音频信息，等待声音模型训练完成后就可在"个性化人声定制"界面看到该声音ID的状态为"训练成功"。

图 6-7 "声音克隆流程"界面

图 6-8 "声音命名"界面

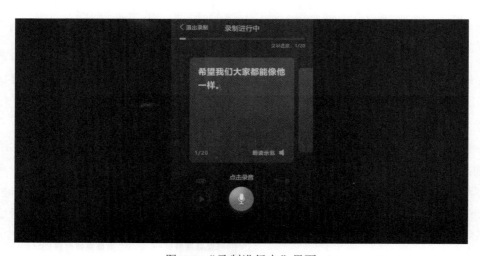

图 6-9 "录制进行中"界面

6.1.2　实现真人版语音输出

使用自己的声音训练声音模型后，可使模型以人声朗读各种文本，实现真人版的文本转语音输出。在"个性化人声定制"界面（如图 6-10 所示），单击"试听"按钮，打开"声音详情"（文本转语音）界面，如图 6-11 所示。

在"声音详情"界面的"试听效果"文本框中输入新闻稿的文本，单击"立即播放"按钮，即可听到用录制的声音读出的新闻稿。如果觉得朗读的声音与平时说话的声音有些差别，可对声音模型调节音量、语调、语速，微调后的声音更贴近真实的声音。

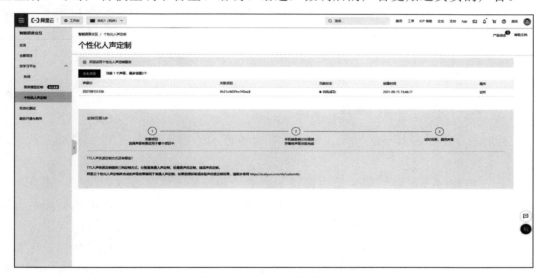

图 6-10　声音模型训练完成

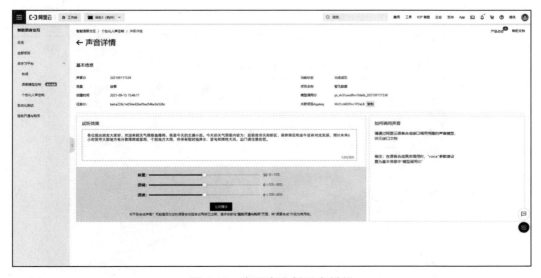

图 6-11　实现真人版语音播报

6.2 实现口型动画

本书选择的口型动画制作软件是 Maya。本节先介绍使用 Maya 制作动画的优势及 Maya 的基本使用方法，再详细介绍如何使用 Maya 制作真人版口型动画。

6.2.1 初识 Maya

Maya 是 Autodesk 公司出品的一款可用于多个平台的 3D 建模、渲染和动画制作软件。Maya 拥有友好的工作界面，简单易学，功能强大且渲染真实感极强，是电影级别的高端制作软件。

使用 Maya 制作动画具有以下优势。

1．动画角色的造型更加逼真

Maya 主要用于制作 3D 动画，Maya 中动画艺术的创作以人们的艺术创造思维为载体。

例如，电影《飞屋环游记》是由彼特·道格特和鲍勃·彼德森联合执导、皮克斯动画工作室制作的第 10 部动画电影。该电影中除了有一座令人印象深刻的系满彩色气球的老房子，还有卡尔和罗素的动画角色，如图 6-12 所示。角色的形象塑造体现了人物的生活和性格特征。卡尔在过去的五十年里每天都吃一样的早餐、过同样的生活，还有一个一成不变的日程表，这些体现了他坚持且古板的性格，所以他的脸被设计成正方形，这恰恰反映了他的性格；而罗素的形象一开始就被确定为一个"小胖子"，他基本没有脖子，制作组通过对罗素眼睛的位置、鼻子和嘴巴的细微变化赋予罗素活力，如图 6-13 所示。

图 6-12　电影《飞屋环游记》

图 6-13　电影《飞屋环游记》的卡尔（左）与罗素（右）

Maya 为《飞屋环游记》中相关角色及场景的制作、动画角色的形象塑造提供了重要的技术支持。制作组根据相应艺术特色的表现需要，使用 Maya 灵活制作动画角色并进行角色渲染，这在很大程度上提高了角色的真实性，增强了故事感染力。

2．提升特效表达效果

Maya 为动画制作者提供了更加便利且炫酷的特效制作方式，使得动画制作者可以完全释放自己的艺术想象力，将其落于实现之中。

例如，《哈利·波特》系列电影中的霍格沃兹魔法学院和那个神奇的魔法世界、拥有黑发绿眼的哈利、咒语生效时刻的魔法特效，无不让人惊叹，如图 6-14 所示。

图 6-14　《哈利·波特》系列电影

在《哈利·波特》系列电影中有这样一幕：哈利和罗恩在宿舍里对火焰使用魔法时，火焰一下变大并窜得很高，如图 6-15 左图所示，哈利和罗恩都被吓了一跳。在没有魔法的世界是怎样实现这个场景的呢？是通过特效实现的，凳子下面的发射器实现了火焰爆发的效果，如图6-15右图所示，制作者在后期将发射器清除，火焰看起来就像魔法实现的一样。

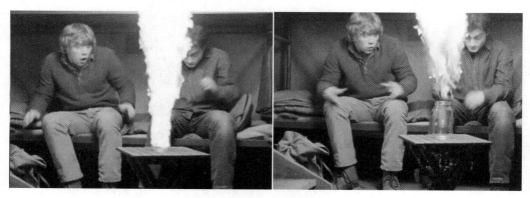

图 6-15 《哈利·波特》系列电影中的火焰特效

无实物表演是演员的一大必修课，而史诗级魔幻镜头的制作是由特效师完成的。电视剧《权力的游戏》中的"毛绒玩具"（如图6-16所示）、电影《暮光之城》中的身穿紧身衣的"道具人"（如图6-17所示），都可以在特效师手中变成令人震撼的特效角色。

图 6-16 电视剧《权力的游戏》特效

图 6-17 电影《暮光之城》特效

特效的出现与应用增强了影视剧的渲染效果，产生了极具震撼力的视觉效果，提升了观众的观影体验。

3．更加细致地刻画角色形象

Maya 应用于动画制作可以提升动画人物角色塑造的细致程度，更好地塑造人物的面部表情，使其精准细致地表现在荧幕中。人物角色塑造越立体真实，观众越能精准地把握角色的人物性格，从而更好地了解故事情节的发展脉络。

电影《功夫熊猫》是以中国功夫为主题的动画电影，讲述了一只熊猫立志成为武林高手的故事，如图 6-18 所示。故事的背景设定在中国，电影中的崇山峻岭犹如著名的中国山水画，使观众感受到中国山水画之迷人美妙的意境。

图 6-18　电影《功夫熊猫》

电影《功夫熊猫》中对每个角色都做出了相应的形象刻画：乌龟大师的睿智、熊猫阿宝的执着和不怕吃苦、悍娇虎的聪明与勇敢、灵鹤的厚道、金猴的沉稳、快螳螂的热心、太郎的残暴。每个角色都通过它的形象制作与性格塑造，使整个故事更加丰满，也深深地印在了观众的脑海里，如图 6-19 所示。

图 6-19　电影《功夫熊猫》中的角色

利用 Maya 能渲染真实的自然场景，增加场景效果的逼真程度，从而提升了动画形象的艺术表现力，以此吸引更多观众的目光。

本书使用 Maya 制作真人版 3D 人物模型的口型动画。

6.2.2　Maya 的使用

本节主要介绍如何将 DAZ Studio 生成的由真人版 3D 人物模型导出的 FBX 模型导入 Maya 中使用。

1．导入 FBX 模型

打开 Maya 工作窗口，如图 6-20 所示。

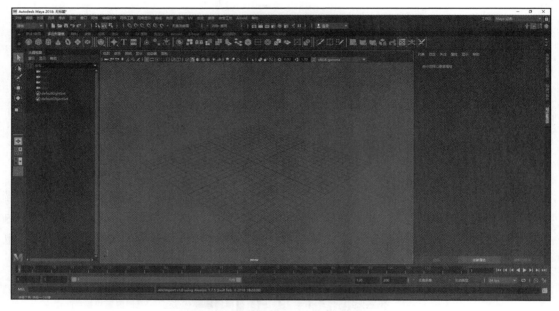

图 6-20　Maya 工作窗口

选择"窗口"|"设置/首选项"|"插件管理器"命令，如图 6-21 所示，打开"插件管理器"对话框，进行插件配置，如图 6-22 所示。

图 6-21　"插件管理器"命令

图 6-22 "插件管理器"对话框

在 Maya 中导入 DAZ Studio 生成的 FBX 模型，需要在"插件管理器"对话框的
"fbxmaya.mll"后面勾选"已加载"复选框，如图 6-23 所示。如果没有选择加载相应插
件，在导入 FBX 模型时会弹出"无法识别的文件类型"警告对话框，并且无法导入 FBX
模型。

图 6-23 加载插件

选择"文件"|"导入"命令，如图 6-24 所示，打开"导入"对话框，如图 6-25 所
示，选择使用 DAZ Studio 导出的"Demopose.fbx"模型，单击"导入"按钮，将
"Demopose.fbx"模型导入 Maya 工作界面中。

图 6-24 "导入"命令

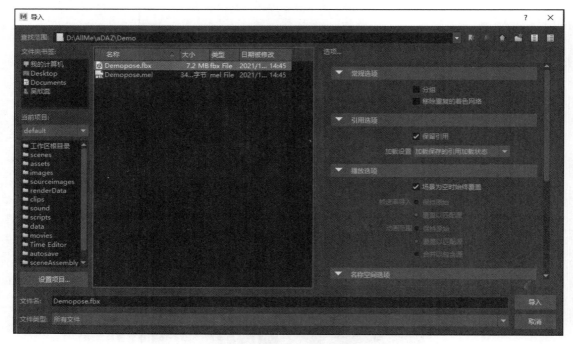

图 6-25 "导入"对话框

此处常用的快捷键包括："Alt+鼠标左键"，可对人物模型进行旋转操作；"Alt+按住鼠标滚轮"，可对人物模型的位置进行上下左右拖动操作；"鼠标滚轮滚动"，可对人物模型进行放大、缩小操作。

导入后的人物模型如图 6-26 所示，单击视图控制面板中的硬件纹理图标 ，如图 6-27 所示，人物模型恢复常态，但其真实度与真人存在一定差距，下面调节人物模型材质。

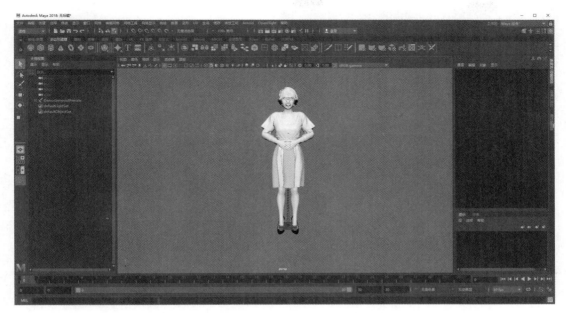

图 6-26　导入后的人物模型

图 6-27　人物模型展示

2．人物模型材质转换

选择"Arnold"|"Utilities"|"Convert Shaders to Arnold"命令，如图 6-28 所示。在打开的"Convert shaders"对话框中单击"All"按钮，如图 6-29 所示，人物模型材质全部转换为 Arnold 材质。转换后，人物模型表面发黑，如图 6-30 所示。下面解决人物模型表面发黑问题。

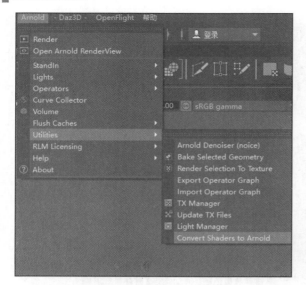

图 6-28 "Arnold"菜单命令

图 6-29 "Convert shaders"对话框

图 6-30 人物模型表面发黑

3. 解决人物模型表面发黑问题

人物模型表面发黑是因为出现了人物表面反射的设置问题,即人物模型表面材质设置为不反射,因此光一旦射入就被吸收,表面会发黑。下面调节人物模型表面反射设置。

单击状态行中的"Hypershade"图标 ，打开"Hypershade"面板,如图 6-31 所示,可以看到人物各部分都展示为黑色,无法看到材质。

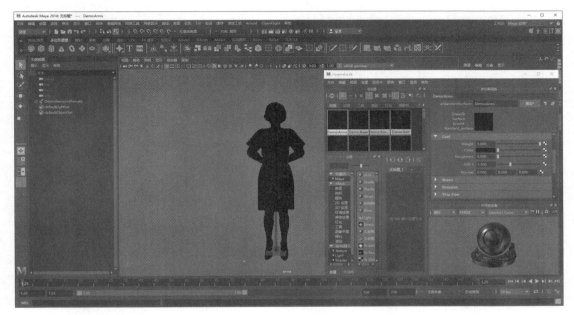

图 6-31 "Hypershade"面板

以 Arms 为例介绍反射调节操作。在"材质"展示框中选择"Arms"选项，展开右侧"特征编辑器"面板中的"Coat"选项组，将其中的"Color"调节至 100%，可清晰地看到人物手部恢复了正常颜色，如图 6-32 所示。按照此操作对人物模型进行反射调节，全部调节完成后，人物模型基本恢复正常状态，如图 6-33 所示。

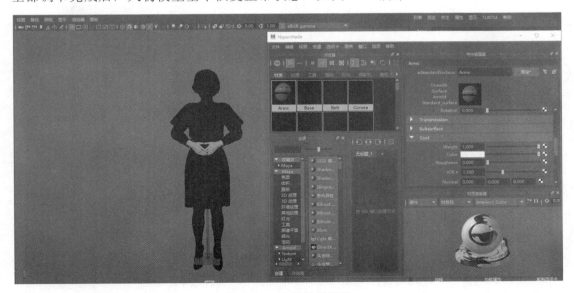

图 6-32 手部材质调节

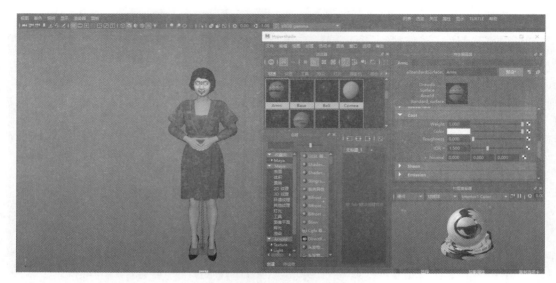

图 6-33　人物模型恢复正常状态

4．人物模型眼部材质调节

人物模型的材质反射调节完成后，人物模型基本恢复正常状态，但眼部有些失真，因此对眼部材质进行调节。

以 Cornea（眼角膜）为例介绍眼部材质调节操作。打开"Hypershade"面板，在"材质"展示框中选择"Cornea"选项，在"特征编辑器"面板中，单击"预设"按钮，选择"Clear_Water"|"替换"命令，赋予 Cornea 水材质，如图 6-34 所示。按照相同操作对 EyeMoisture（眼睛外侧水膜）进行水材质替换。完成后的人物模型如图 6-35 所示。

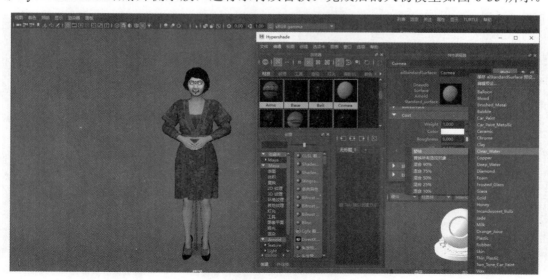

图 6-34　眼部材质调节

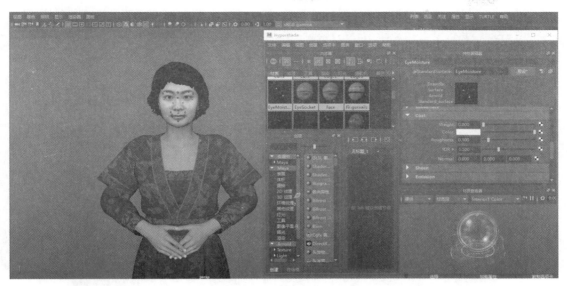

图 6-35　完成水材质替换的人物模型

5．人物模型导出及场景保存

对人物模型进行导出保存操作，以便下次打开 Maya 时可直接导入使用，不需要再对人物模型的材质进行调节。如图 6-36 所示，选择"文件"|"导出全部"命令，可导出人物模型；选择"文件"|"导入"命令，选择要导入的模型，单击"导入"按钮完成导入操作。当有场景加入时，选择"文件"|"保存场景"命令（快捷键为 Ctrl+S），可保存场景；选择"文件"|"打开场景"命令（快捷键为 Ctrl + O），可导入场景。

更多 Maya 知识可参见其他书籍。

图 6-36　场景保存与导入

6.2.3　实现真人版口型动画

1．实现真人语音转口型数据

前面通过个性化人声定制平台训练的声音模型根据文本信息可以输出真人语音，下面将真人语音通过口型数据生成系统转换为口型数据。本书采用的口型数据生成系统是传世口型动画系统。

传世口型动画系统根据输入声音信息中的每个发音音素输出对应的口型数据，音频信息输入完成后，可导出口型数据。生成的口型数据将用于在 Maya 中与真人版 3D 人物模型融合，生成口型动画。

打开口型数据生成录制界面，如图6-37所示，界面中左侧显示的是音频录制的状态，右侧为3D人物的半身模型。按"2"键，开始录制音频信息；按"3"键，停止录制；按"Esc"键，退出口型数据生成系统。

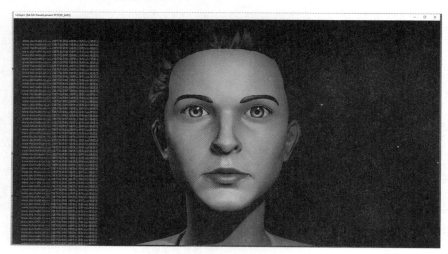

图6-37　口型数据生成录制界面

按"2"键开始录制音频信息时，左侧的音频录制状态会变为"录制中"，3D人物的口型会根据音频发生变化，如图6-38所示。系统在拟合音频信息的同时，将音频信息转换为口型数据进行保存。按"3"键，左侧音频录制状态会变为"停止录制"，如果输入的音频没有停止，界面中3D人物的口型依然会根据音频进行变化，但在未录制状态下，口型数据不会保存。保存的口型数据格式为TXT，文件存储在"LipSync/Saved"文件夹中，保存的文件以停止录制时的"年月日时分秒"命名，这样易于区分同一时间段输入音频转换的口型数据，方便查找口型数据文件。如果没有进行过口型数据的录制转换，LipSync文件夹下就没有Saved文件夹。

图6-38　3D人物口型变化

由某新闻真人语音播报输入转换的口型数据展示如图 6-39 所示。

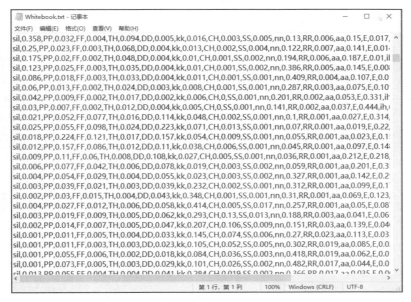

图 6-39　口型数据展示

本节音频信息的输入是通过 Voice Meeter 虚拟声卡（如图 6-40 所示）将计算机的输出音频直接转为输入音频实现的。真人语音的输入还可以通过麦克风输入的方式实现。

图 6-40　Voice Meeter 虚拟声卡

2．生成真人版 3D 人物模型口型动画

（1）加载 ChuanshiTool 插件

在 Maya 中，需要加载 ChuanshiTool 插件，用于导入口型数据。将"ChuanshiTool"文件夹中的 2 个项目文件，复制到图 6-41 所示的目录下。

图 6-41　复制项目文件到指定位置

打开 Maya 工作界面，选择"窗口"|"设置/首选项"|"插件管理器"命令，如图 6-21 所示，打开"插件管理器"对话框，勾选"ChuanshiTool.py"后面的"已加载"和"自动加载"两个复选框，如图 6-22 所示。插件加载完成后，可在菜单栏中看到"传世工坊"菜单命令，如图 6-42 所示，插件脚本导入成功。

图 6-42　"传世工坊"命令

（2）增加人物面部表情控制器

在 Maya 工作界面左侧的"大纲视图"面板中展开"Genesis8Female"选项，选择"Genesis8FemaleFBXASC046Shape"选项，3D 人物身体会覆盖绿色网格。选择"传世工坊"|"面部表情"|"加强版控制器"命令，如图 6-43 所示，为 3D 人物模型增加面部控制器。增加面部控制器后的 3D 人物模型如图 6-44 所示。

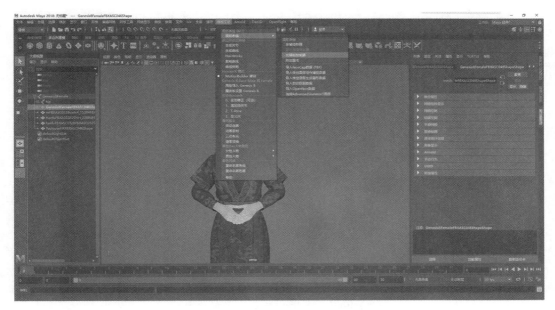

图 6-43　增加面部控制器

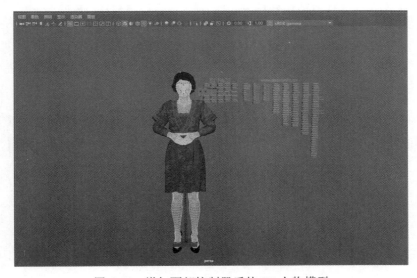

图 6-44　增加面部控制器后的 3D 人物模型

（3）导入口型数据

增加面部控制器后，需要导入口型数据。注意，Maya 的 Python 脚本不支持中文路径或中文命名，如果路径或文件名中出现中文可能会导致口型数据加载失败，此时可将口型数据文件移动到其他位置，再进行后续操作。

在"大纲视图"面板中选择"Genesis8FemaleFBXASC046Shape_GUI:FACS"选项，3D 人物模型整体会呈粉色。选择"传世工坊"|"面部表情"|"导入传世语音生成唇形数据"命令，如图 6-45 所示。

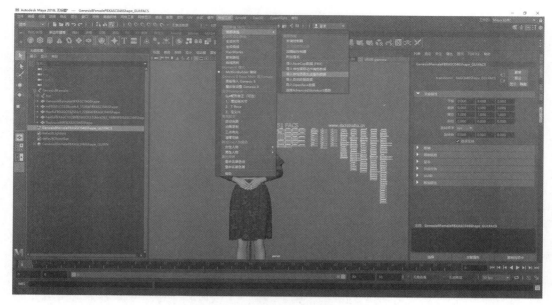

图 6-45　导入传世语音生成唇形数据

打开"缩放比例"对话框，如图 6-46 所示，单击"执行"按钮。

图 6-46　"缩放比例"对话框

打开"打开"对话框，如图 6-47 所示。选择"Whitebook.txt"口型数据文件，单击"打开"按钮，出现数据导入完成提示，如图 6-48 所示，单击"确定"按钮，口型数据导入完成。之后关闭"缩放比例"对话框。

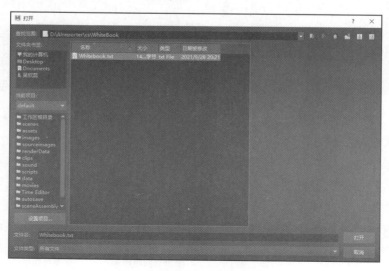

图 6-47　选择口型数据文件

图 6-48　数据导入完成

口型数据导入完成后，需要根据录制时间设置播放总帧数。在口型数据文件末尾处，如图 6-49 所示，显示"Whitebook.txt"口型数据的录制时间约为 38 秒。

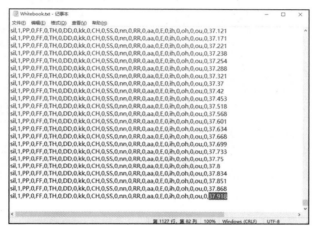

图 6-49　查看录制时间

总帧数文本框位于 Maya 工作界面下方。因为每秒有 30 帧，所以将 Maya 中的总帧数调整为 1140，如图 6-50 所示。

图 6-50　调整总帧数

（4）生成真人版 3D 人物模型的口型动画

单击 Maya 工作界面右下方播放按钮，完成真人版 3D 人物模型的口型动画生成的基本操作。真人版 3D 人物模型口型动画与"真人"播报音频结合，可以真实地展示口型与音频的融合，并传递音频信息，如图 6-51 所示。

图 6-51　3D 真人音频播报口型展示

第7章

多模态融合

本章的主要任务是以视频剪辑的方式将真人版 3D 人物模型的口型动画与真人新闻播报音频进行多模态融合，实现虚拟主播新闻播报。

7.1 多模态融合及实现软件

7.1.1 虚拟主播的多模态融合

第 4 章介绍了多模态融合的三种方式，分别是前期融合、后期融合及混合融合。实现虚拟主播新闻播报的多模态融合方式为后期融合；第 5 章通过单张或多张照片训练构建的 3D 人脸模型，实现真人版 3D 人物模型的建立；第 6 章通过对真人语音模型的训练语音合成，实现新闻稿文本的真人语音输出，并通过口型模型训练系统，根据真人语音生成口型数据，将真人版 3D 人物模型结合口型数据，实现真人版 3D 人物模型的口型动画生成；第 7 章将生成的真人版 3D 人物模型口型动画与真人新闻播报音频进行多模态融合，最终实现虚拟主播的新闻播报。虚拟主播的实现流程如图 7-1 所示。

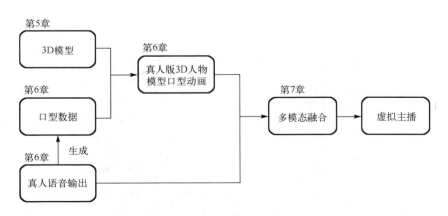

图 7-1 虚拟主播的实现流程

7.1.2 多模态融合的实现软件

1. Premiere Pro

Premiere Pro（如图 7-2 所示）是 Adobe 公司开发的一款视频剪辑软件。Premiere Pro 提供一系列完整的视频后期制作流程，满足用户对高质量作品创作的需求。Premiere Pro 以适合新手学习，高效、精确制作等优势，为视频编辑爱好者与专业人士提供了创作自由，提升了用户创作力。

图 7-2　Premiere Pro

2. EDIUS

EDIUS（如图 7-3 所示）作为专业的非线性视频编辑软件，可以快速高效地进行广播级高质量图文字幕的配置，为广告和后期制作环境而设计。EDIUS 以工作效率高、输出质量好、速度快等优势，常用于新闻、纪录片、专题片等的剪辑制作。

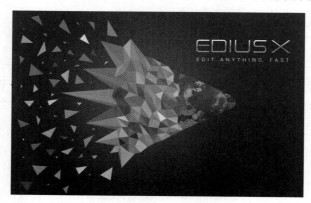

图 7-3　EDIUS

与 Premiere Pro 相比，EDIUS 较为专业，而 Premiere Pro 更易入门且可与 Adobe 公司的其他软件相互协作使用。本书选择 Premiere Pro 作为多模态融合软件。下面介绍 Premiere Pro 的使用方法与虚拟主播新闻播报的多模态融合实现方法。

7.2 Premiere Pro 的使用

1. 导入操作

双击 Adobe Premiere Pro 应用程序图标（如图 7-4 所示），打开 Adobe Premiere Pro 工作界面，选择"文件"|"新建"|"项目"命令，如图 7-5 所示，打开"新建项目"对话框，如图 7-6 所示，将新建项目命名为"AIReport"，可以选择默认位置，也可以根据需要选择其他位置，此处选择"D:\premiere work"。单击"确定"按钮，完成项目创建。

图 7-4　Adobe Premiere Pro 应用程序图标

图 7-5　Adobe Premiere Pro 菜单命令

图 7-6　"新建项目"对话框

进入创建项目的工作界面，如图 7-7 所示，工作界面包含模板选择、导入视频展示、声音及视频画面时间轴等，因现在尚未导入视频，界面展示还不明显。

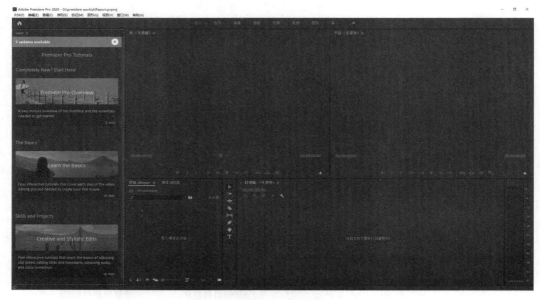

图 7-7　创建项目的工作界面

下面导入视频。选择"文件"|"导入"命令（快捷键为 Ctrl+L），如图 7-8 所示，打开"文件选择"对话框，选择要导入的视频，单击"打开"按钮，导入视频。还有一种简便操作，方法是，打开视频保存的文件夹，选中需要导入的视频，将其从文件夹拖动到 Adobe Premiere Pro 工作界面中。

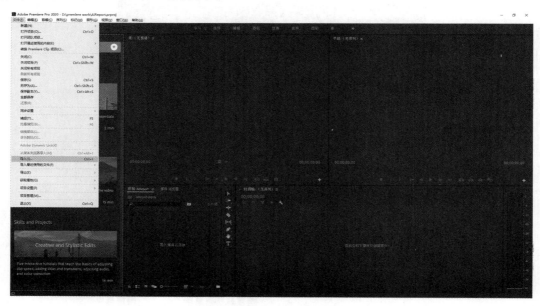

图 7-8　视频导入操作

2. 视频的修剪编辑

导入视频后，可在"媒体浏览器"面板中看到视频的初始画面，如图 7-9 所示。

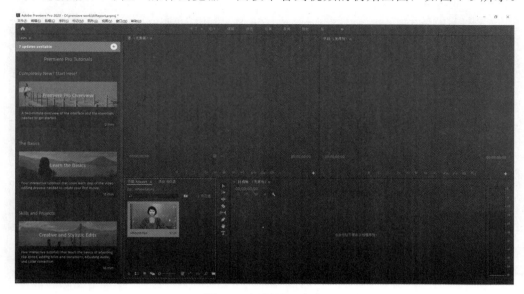

图 7-9　视频导入完成

双击导入的视频，可在"源"面板中预览导入的视频。单击播放按钮或拖动面板下方的进度条可以预览视频，如图 7-10 所示。

图 7-10　预览视频

将视频拖动到工作界面右下方的编辑轨道中，如图 7-11 所示，可以对视频进行编辑。在编辑轨道中，上方轨道为视频画面轨道，下方轨道为音频轨道。

图 7-11　编辑轨道

　　编辑轨道左侧工具栏中的第一个图标▶为选择工具（快捷键为 V），利用选择工具可在视频初始位置及末尾位置对视频进行修剪，如图 7-12 所示。

图 7-12　视频始末修剪

　　第四个图标◆为剃刀工具（快捷键为 C），利用剃刀工具可对视频画面及音频的片段进行修剪。选择剃刀工具后，在编辑轨道的时间线上单击需要断开的位置，就可对视频部分片段进行编辑。使用剃刀工具删除片段时，需在要删除片段的起始位置和结尾位置各单击一次，如图 7-13 所示，选中删除的片段后，按"Delete"键删除片段，如图 7-14 所示。

图 7-13　视频中间修剪

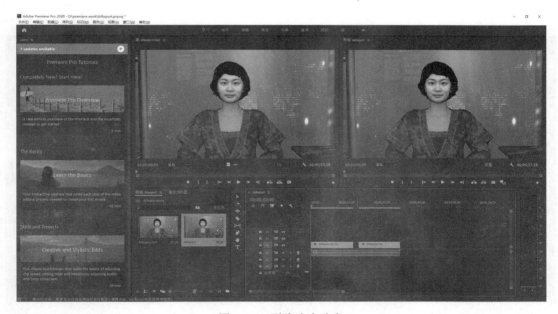

图 7-14　删除选中片段

　　另一种删除方法是将时间线作为视频分割轴，按"Q"键删除时间线前面的视频素材片段，按"W"键删除时间线后面的视频素材片段。

　　按"Delete"键删除视频素材片段后，可通过移动视频素材片段的方式，如图 7-15 所示，进行排序，如图 7-16 所示。注意，移动视频素材片段时需要切换为选择工具。

图 7-15　视频素材片段移动

图 7-16　视频素材片段排序

3. 导出视频

对修剪完的视频可以渲染导出，选择"文件"|"导出"|"媒体"命令（快捷键为Ctrl+M），如图 7-17 所示，打开"导出设置"对话框。

图 7-17　视频导出

如图 7-18 所示，在"导出设置"对话框中，视频格式选择"H.264"，给视频命名，一般"导出视频"与"导出音频"复选框要全部勾选，如果仅导出视频画面或音频，则勾选相应复选框即可。可根据需要设置音频格式、比特率等。设置完成后，单击"导出"按钮，导出视频。

图 7-18　"导出设置"对话框

7.3 实现虚拟主播新闻播报

首先录制 3D 人物模型的口型动画；然后使用语音合成技术将通过新闻播报文本输出的真人语音与 3D 人物模型口型动画融合起来；最后利用 Premiere Pro 对录制的视频进行剪辑，实现多模态融合技术下的虚拟主播新闻播报。

1. 录制 3D 人物模型的口型动画

为 Maya 中的 3D 人物模型加入蓝色新闻场景，如图 7-19 所示，准备录制 3D 人物模型的口型动画。

图 7-19　为 3D 人物模型加入蓝色新闻场景

可以选择计算机自带的录屏软件，也可以选择单独的录屏软件。本书选择班迪录屏软件，界面如图 7-20 所示。

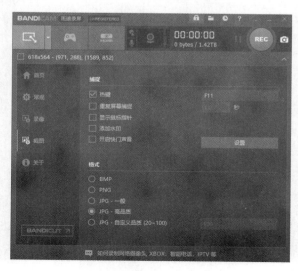

图 7-20　班迪录屏软件界面

2. 录制真人语音

在阿里云智能语音交互平台上，录制真人语音输出的播报音频，如图 7-21 所示，播报的音频输出为口型数据，因此与 3D 人物模型的口型动画一致。

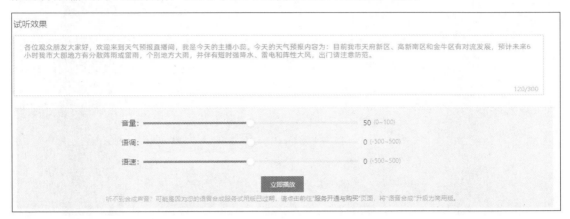

图 7-21 真人语音录制

3. 视频剪辑实现多模态融合

将录制的 3D 人物模型的口型动画视频及真人语音导入 Premiere Pro 中进行视频剪辑，如图 7-22 所示。保留 3D 人物模型口型动画视频的视频画面及真人语音播报的音频，完成视频剪辑，如图 7-23 所示。

图 7-22 视频、音频导入 Premiere Pro 中

图 7-23　使用 Premiere Pro 剪辑视频

在视频播放时，音频与人物口型一致。视频剪辑完成后，导出视频，如图 7-24 所示。

图 7-24　导出视频

4．实现虚拟主播新闻播报

查看导出的视频，虚拟主播的多模态融合制作完成，实现了虚拟主播新闻播报，展示如图 7-25 所示。

图 7-25　虚拟主播新闻播报展示

第8章

虚拟主播的动作实现

本章先介绍动作捕捉技术的定义、分类及应用，再提供两种虚拟主播的动作实现方案，分别是基于动作捕捉设备的动作实现方案及基于单目摄像头的动作实现方案。

8.1 动作捕捉技术

8.1.1 动作捕捉技术的定义

动作捕捉技术是利用外部设备对真实世界中人和物体的姿态或运动轨迹变化进行准确的测量、捕捉及记录的技术，将所记录的运动轨迹数据进行处理后，可在虚拟化的 3D 空间中使用这些数据。简单来说，动作捕捉技术是一种用来记录动作并将其转化为数字模式的技术。瑞立视动作捕捉技术展示如图 8-1 所示。

图 8-1　瑞立视动作捕捉技术展示（来源于瑞立视官网）

动作捕捉技术涉及真实空间中的物体定位、方向测定、尺寸测量等，可以更精准地获取人或物体的运动轨迹，以便在计算机中对其进行数字化处理。当然，实现该技术需要用到动作捕捉设备。先将动作捕捉设备固定在人或物体的关键动作捕捉部位上，以此实现运动轨迹数据的过程记录，再通过计算机对记录的运动轨迹记录进行处理，完成在虚拟 3D 空间中模型的动作实现。

能够应用动作捕捉技术对采集的人或物体的运动数据进行记录和还原的系统，称为动作捕捉系统。动作捕捉系统通常由硬件和软件两部分组成。硬件部分包括传感器设备、信号捕捉设备、数据传输设备等；软件部分包括空间标定、动作捕捉、数据处理及 3D 模型映射等功能模块，如图 8-2 所示。

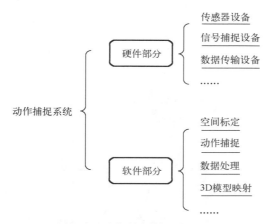

图 8-2　动作捕捉系统的组成

动作捕捉是一个宽泛的概念，不仅不限定捕捉的对象，如人、物体，而且可以对人或物体的局部进行捕捉，如人物面部表情捕捉、人体手指动作捕捉等。

8.1.2　动作捕捉技术的分类

自 20 世纪 70 年代动作捕捉技术诞生以来，不断发展的科学技术促进其发展并逐渐成熟。动作捕捉技术从最初的机械式、声学式、电磁式，逐步发展到当前主流的光学式、惯性式和视觉式，详细分类如图 8-3 所示。

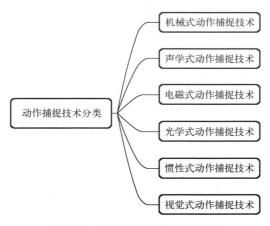

图 8-3　动作捕捉技术详细分类

1．机械式动作捕捉技术

机械式动作捕捉技术作为最早出现的动作捕捉技术，依靠机械装置实现物体运动轨迹的跟踪与测量。机械式动作捕捉设备由多个关节和刚性连杆组成，在可转动的关节中有点位计或角度传感器，以此获得人体各部位的运动量，实现对人体的运动捕捉，如图 8-4 所示。机械式动作捕捉设备被称为"可调节姿态的数学模型"，这是因为使用者可以根据需要调节装置并锁定，因此该装置可以模拟人体姿态，也可以模仿其他动物或物体。

图 8-4　机械式动作捕捉设备

以人体为例，在人体驱动装置运动时，系统使用装置中可转动关节的角度传感器测量角度的变化，结合刚性连杆长度，就可以得出连杆末端在 3D 空间中的位置和运动轨迹。实际上，装置上任何一点的运动轨迹都可以由此进行求解；而装置中的刚性连杆可以换成可变化长度的伸缩杆，对置换后的伸缩杆可以通过位移传感器测量其变化的长度。

机械式动作捕捉技术的优点是，成本低，捕捉范围大，可实时测量数据，数据捕捉相对简单，可对多人进行同时捕捉。缺点是，硬件笨重，使用不方便，设备对人体运动有一定限制，较难用于连续动作的实时捕捉。

2．声学式动作捕捉技术

声学式动作捕捉设备由发生器、接收器和处理单元组成。发生器是一个固定的超声波发生器，接收器一般由呈三角形排列的三个超声探头组成。动作捕捉的实现是通过测量声波从发生器到接收器的时间差或相位差，以此确定接收器的位置和方向进行计算的。

此设备的成本较低，但其对动作的捕捉有较大延迟和滞后性，且实时性较差，精度较低。设备使用时，声源发生器与接收器之间不能有大的遮挡物体，且噪声和多次反射等因素对设备干扰性较大。由于声波在空气中的传播速度与气压、湿度、温度有关，因此在算法设计时，需要进行相应的补偿计算。

3. 电磁式动作捕捉技术

电磁式动作捕捉设备一般由发射源、接收传感器和数据处理单元组成，传输方式分为有线传输和无线传输。发射源在空间产生按照一定时空规律分布的电磁场；接收传感器置于人体的关键位置，数量通常为 10～20 个，并随着电磁场中的人运动，通过有线或无线的方式与数据处理单元相连。因为每个传感器使用不同的频率传输数据，所以不存在无法分辨传感器的问题。

电磁式动作捕捉技术的实现原理是根据带着接收传感器的人在电磁场中的运动，接收传感器在一定空间内接收不断变化的磁场分布，将接收到的信号通过电缆或者无线传输的方式传输给数据处理单元，数据处理单元对接收的信号进行计算，从而确定每个接收传感器的标记位置和空间坐标，以此实现人体的动作捕捉。

电磁式动作捕捉技术的优点是，其记录的信息为六维信息，不仅包括空间位置，而且包括相应的方向信息，这对一些特定场景有较高的应用价值；传输速度快，实时性好；操作较简便，技术较成熟，成本相对低廉。

电磁式动作捕捉技术的缺点是对环境的要求十分严格，在使用场地附近不能有任何金属物品，否则会造成电磁场的畸变，从而影响测量的精度。电磁式动作捕捉的无线传输方式与声学式动作捕捉的介质传输过程相同，都会受到环境的干扰；而电磁式动作捕捉的有线传输方式，如使用电缆进行数据信息传输，会限制人体的活动范围，并且不适合对复杂的人体运动进行动作捕捉。

4. 光学式动作捕捉技术

光学式动作捕捉技术通过对目标人体上所附着的特定光点（Marker 点）的监视和跟踪来完成人体动作捕捉的任务。目前常见的光学式动作捕捉大多基于计算机视觉原理，需要在使用者身体上粘贴 Marker 点，通过调整镜头参数，使镜头屏蔽服饰、皮肤等无关因素，只进行 Marker 点的捕捉。对空间中的一个 Marker 点，只要它能同时被两台照相机所捕捉，根据同一时刻两台照相机所拍摄的图像和照相机参数，就可以确定该点在这一时刻空间中的位置，从而实现 3D 空间的坐标重建。如果想还原姿态，则需保证至少有三个不在同一平面的 Marker 点能够被照相机所捕捉和还原。而当照相机以足够高的频率连续拍摄时，通过解析图像序列就可以得到该 Marker 点的运动轨迹，从而实现运动捕捉。

光学式动作捕捉根据 Marker 点的发光形式可分为被动式光学动作捕捉和主动式光学动作捕捉。

（1）被动式光学动作捕捉

被动式光学动作捕捉系统也称反射式光学动作捕捉系统，其中的 Marker 点通常是一种高亮反射式反光球，粘贴于人体各主要关节部位，动作捕捉照相机上发出的 LED 红外光，经反光球反射回动作捕捉照相机中，从而实现 Marker 点的检测与空间定位。

主要优点是，技术成熟稳定，采样率高，动作捕捉准确，表演和使用灵活快捷，空间定位精度误差约为毫米级别，识别输入延迟低于 2.9 毫秒；无运动方式限制，可以在不依靠更多外接设备的前提下，仅靠增加 Marker 点数量就能让捕捉需求灵活化。缺点是，场景成本高，需要至少 6 台照相机及专业的摄影棚；易受环境影响，如果 Marker 点被遮挡，系统就无法得到该点的数据信息。

（2）主动式光学动作捕捉

为解决被动式光学捕捉系统 Marker 点被遮挡的问题，主动式光学动作捕捉系统中的 Marker 点由主动发射光线的 LED（发光二极管）组成。主动发光的 Marker 点可直接将光线发送给照相机，实现 Marker 点的检测与空间定位。

主要优点是，采用高亮 LED 设备，LED 受脉冲信号控制明暗，以此对 LED 进行时域编码识别，识别效果好，有较高的跟踪准确率；减少光线路线长度，从而扩大动作的捕捉范围；系统的刚体结构不容易损坏，耐用性强。缺点是，LED 刚体需要持续充电，并且在运动复杂时，不同部位的 Marker 点可能会出现混淆，从而产生错误，因此不适合需要超高帧率的高速运动捕捉、大范围覆盖的环境。

光学式动作捕捉系统常作为位姿还原的"黄金标准"，但在实际使用时，需要清理捕捉范围内的遮挡物、反光物，因此常用于室内场景下的单人捕捉。而且，其对环境背景要求较高，对技术的要求也高，再加上价格高昂，目前除用于实验室内的体姿校准外，在工业领域主要用于电影制作，如图 8-5 所示。光学动作捕捉系统的开发厂商包括 Optitrack、Vicon、度量等。

5．惯性式动作捕捉技术

惯性式动作捕捉设备由姿态传感器、信号发生器、接收器和数据处理软件组成。姿态传感器集成惯性传感器、重力传感器、加速度计、磁感应计、微陀螺仪等设备，以此获得人体相应部位的姿态信息。该设备通过固定于人体主要肢体相应部位的姿态传感器，在使用者穿戴好设备运动时，获取其对应骨骼的加速度、角速度等原始信息，应用传感器融合算法得到与人体生物力学模型一致的骨骼位置和姿态；将所获取的融合姿态信号使用蓝牙等无线传输技术传输到数据处理系统中，结合骨骼的长度信息和骨骼层级的连接关系，进行运动计算，计算出各关节点的空间位置信息。

图 8-5　电影《加勒比海盗》中演员身着光学式动作捕捉服装

主要优点是，精度较高，操作方便，便于携带，可以满足对多人同时捕捉的需求，且不会被干扰，应用较广泛。缺点是，装置中的磁力计对捕捉范围内的磁场环境有较高要求；由传感器融合算法所得到的人体位移具有一定的漂移误差；装置中融合了较多传感器设备，会对使用者自身的质量等特性产生影响。

惯性式动作捕捉系统的开发厂商主要是美国的 3Dsuit、荷兰的 Xsens、我国的北京诺亦腾和广州虚拟动力（如图 8-6 所示）。

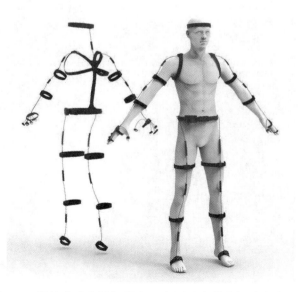

图 8-6　惯性式动作捕捉设备（来源于广州虚拟动力官网）

6．视觉式动作捕捉技术

视觉式动作捕捉技术通过彩色或深度摄像头拍摄使用者的运动轨迹，无须使用者穿戴任何设备，通过提取人物轮廓及人体骨架，即可实现人体运动的动作捕捉。

视觉式动作捕捉方案主要有以下两种。

（1）Track 设备+IK 算法的动作捕捉方案

该方案通过结合 Track 设备与 IK 算法，可以模拟出人物的动作，在消费级产品上运用较多。

（2）以 AI 为核心的动作捕捉方案

该方案借助设备自带的摄像头，如 iPhone 搭载的深感摄像头，可以实现人物的面部捕捉功能，并且通过深度学习训练相关算法，实现从 2D 图像到 3D 图像的转换。该方案可以让使用者拥有一个活灵活现的虚拟形象。

此方案对人体动作捕捉的实现，大部分依靠软件层的相关算法，对硬件性能的要求较低，具有广泛的应用空间。该方案所使用的的代表性设备有 Leap 的 Leap Motion 体感控制器、Microsoft 的 Kinect 深度摄像头及 Intel 的 Realsense 深度摄像头。

视觉式动作捕捉的最大优点是，对使用者的无干涉性，无须使用者进行任何相应的配合，只需在摄像头前完成自己的动作即可。缺点是，应用算法复杂性高，对位置姿势还原性较低，在摄像头与捕捉对象之间不能有任何障碍物遮挡。

视觉式动作捕捉方案因其简单、易用、低价，已成为目前应用广泛且使用频率较高的动作捕捉方案。广州帕克西开发的视觉式动作捕捉方案如图 8-7 所示。

图 8-7　视觉式动作捕捉方案（来源于广州帕克西官网）

8.1.3　动作捕捉技术的应用

应用动作捕捉技术采集到的信息可以广泛应用于电影制作、游戏、VR 开发、人体工程学研究、模拟训练、生物力学等领域，因此拥有较广泛的市场前景和较高的使用价值。下面主要介绍动作捕捉技术在影视领域的应用。

在数字时代，动作捕捉技术的出现为电影制作开辟了创作新模式。动作捕捉技术广泛应用于数字电影特效和 3D 电影制作中，其中常用的是光学式动作捕捉技术，可以将表演者的表情、动作、手势等复现于电影角色上，即实现真人表演的复制，完成表演从实物化到数字化的转变。动作捕捉技术将影视领域的技术发展推向新的维度。

3D 动画片《秦时明月》为了获得真实的武打动作效果，在角色制作中使用了动作捕捉技术，如图 8-8 所示；电影《复仇者联盟 4：终局之战》中的灭霸和绿巨人（如图 8-9 所示），都是应用动作捕捉技术并结合 CG 技术实现的。

图 8-8　3D 动画片《秦时明月》

将动作捕捉技术应用于影视领域，电影《猩球崛起》独具代表性，整部电影中没有一只真实动物参与演出，但影片呈现效果达到了当时动作捕捉技术应用的高峰；而电影《猩球崛起：黎明之战》中的动作捕捉技术应用更为精细，电影中出现的猿类动物有 2000 多只，它们不仅面部表情惟妙惟肖，而且肢体动作丰富细腻，呈现出高智慧、拟人化的表现，如使用武器、说话交流等，如图 8-10 所示。

图 8-9　电影《复仇者联盟 4：终局之战》中的灭霸（上）与绿巨人（下）

图 8-10　电影《猩球崛起：黎明之战》

在科技日益发达的今天，动作捕捉技术为影视领域的艺术创造提供了更多的可能性，观众也越来越接受这种充满奇思妙想的科幻电影及超现实、超想象、超刺激的感官体验。新的感官体验对观众有极大的挑战性、新鲜感和吸引力，这将促进动作捕捉技术的不断发展与进步，从而提升影视剧中虚拟人物角色的真实感。

8.2　基于动作捕捉设备的动作实现

8.2.1　技术路线概述

如图 8-11 所示，基于动作捕捉设备的虚拟主播动作实现涉及三方面内容，分别是模型设计、应用动作捕捉设备获取人体运动数据信息，以及在 Maya 中实现动作数据与 3D 人物模型的融合。

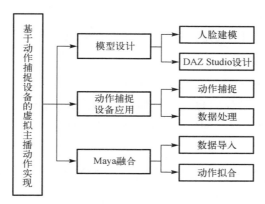

图 8-11　基于动作捕捉设备的虚拟主播动作实现技术路线图

模型设计作为动作实现的基础，先要人脸建模，获得 3D 人脸模型，再在 DAZ Studio 中完成 3D 人脸形变模型导入与面部贴图，实现真人版 3D 人物模型的开发。动作捕捉设备应用是关键，用于虚拟主播的动作实现，通过使用者穿戴相应动作捕捉设备，对使用者的动作信息进行捕捉，将其转化为动作数据进行传输，应用动作捕捉系统处理相关数据，可以得到一个完整的动作过程。使用 Maya 软件进行融合是对 3D 人物模型与动作数据的整合操作，导入操作与口型动画相似。在 Maya 中导入 3D 人物模型和处理好的动作数据，完成 3D 人物模型与动作数据的拟合，最终实现基于动作捕捉设备的虚拟主播动作。

8.2.2　动作捕捉设备与实现方法

1. 动作捕捉设备选择

为实现基于动作捕捉设备的虚拟主播动作，本书选用的动作捕捉设备是 VIRDYNC VDSuit-Full 全功能动作捕捉设备，该设备是惯性式动作捕捉设备，如图 8-12 所示。

147

图 8-12　VIRDYNC VDSuit-Full 全功能动作捕捉设备

VIRDYNC VDSuit-Full 全功能动作捕捉设备具有以下优势。

（1）性价比高，性能优越

相较于光学式动作捕捉设备，该设备性价比高且操作简便，可进行大范围的动作捕捉，环境适应性强。该设备使用自主研发核心算法，充分应用并发挥了设备硬件性能；设备出厂即已进行了深度校准，保证了设备的最优性能。

（2）稳定性强

设备应用的核心算法，弱化了温度、磁场等环境因素所造成的精度影响，同时解决了温度漂移、磁场突变等可能出现的问题，稳定性强。

（3）实时驱动

设备可实时驱动，实现了毫秒级响应，增强了系统的流畅性，提升了用户的使用体验。

（4）设备轻便，不受限制

该设备仅有 0.8 千克，在重量上不会对人体运动流畅度产生影响，也不会让使用者负重而影响使用者运动；相反，重量轻可以提升人体运动的流畅度，使运动不受限制。

（5）支持多平台

该设备支持 Unity、Unreal Engine 4、3ds Max、Maya 等软件的应用开发，并且支持导出多种数据格式，如 FBX、QUA、BVH 等。

VIRDYNC VDSuit-Full 全功能动作捕捉设备具有 27 个人体感应点，可以进行 360°动作捕捉，包含加速度计、陀螺仪及磁力计等传感器，且数据帧率包含 60Hz、72Hz、80Hz、96Hz。惯性式动作捕捉设备的加入，不但大大提升了 3D 人物动作的制作效率，而且降低了后期处理的难度。

2．虚拟主播动作实现

下面介绍基于动作捕捉设备的虚拟主播动作实现的流程，流程图如图 8-13 所示。

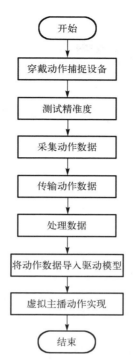

图 8-13　基于动作捕捉设备的虚拟主播动作实现流程图

　　首先，使用者穿戴动作捕捉设备；然后，做几组动作测试数据采集的精准度，测试完成后，采集人体的动作数据；接着，传输动作数据，并应用核心算法处理数据；最后，将处理后的动作数据导入驱动模型，与第 6 章口型动作导入相似，在此不再赘述。此时可以看到，模型会做出与动作捕捉时人体的相应动作，至此完成虚拟主播动作实现，效果如图 8-14 所示。

图 8-14　虚拟主播动作实现效果

8.3 基于单目摄像头的动作实现

相较于动作捕捉设备，用单目摄像头实现虚拟主播的动作有其独特的优势，虽然在精度上有所欠缺，但是会极大节约使用成本，显著降低硬件接入条件，对初学者来说是一个好选择。

8.3.1 技术路线概述

使用单目摄像头实现虚拟主播的动作主要涉及四方面内容，分别是模型设计、算法研究、Python 整合与 Maya 融合，如图 8-15 所示。

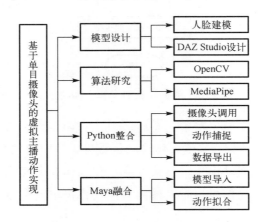

图 8-15　基于单目摄像头的虚拟主播动作实现技术路线图

模型设计与算法研究是基础准备，Python 整合与 Maya 融合是实现手段。模型是虚拟主播动作的具象表现，涉及模型制作的相关知识；算法是虚拟主播动作的灵魂，涵盖具体的核心方法；Python 是虚拟主播动作的外部工具，调用摄像头，实现动作捕捉，完成数据导出；Maya 是虚拟主播动作的整合工具，将摄像头捕捉到的数据赋予模型，完成用户端的展示，满足动作要求。

前面已经介绍过模型设计与 Maya 融合的内容，下面介绍算法研究和 Python 整合。

8.3.2 核心技术介绍

算法的实现依赖在 Python 下搭建的 OpenCV 与 MediaPipe 环境，下面介绍相关核心技术。

1．Python 基础

Python 是一门广泛使用的完全面向对象的通用型编程语言。函数、模块、数字、字符串都是对象。Python 完全支持继承、重载、派生、多重继承，这有益于增强代码的复用性。

Anaconda 是一个用于科学计算的 Python 发行版本，支持 Linux、Windows、macOS 操作系统，包括 Conda、Python 等众多工具包。安装完 Anaconda 软件并搭建好相应的 Python 环境后，就可以对 Python 进行深入的学习与研究了。

2．OpenCV 基础

OpenCV（Open Source Computer Vision Library）是一个开源的计算机视觉库，可以运行在 Linux、Windows、Android 和 macOS 操作系统上，基于 C++语言编写，也可在 Java、Python 等平台使用。OpenCV 实现了图像处理和计算机视觉方面的很多通用算法，其内部实现是通过模块组合完成的，每个模块都能实现一部分功能。

OpenCV 的应用领域非常广泛，如图像拼接、图像降噪、产品质检、人机交互、人脸识别、动作识别、动作跟踪、无人驾驶等。OpenCV 还提供了机器学习模块，支持正态贝叶斯、K 近邻、支持向量机、决策树、随机森林、人工神经网络等机器学习算法。

对使用 Python 的读者，推荐使用 OpenCV-Python 库。OpenCV-Python 库是用于 OpenCV 的 Python API，结合了 OpenCV C++ API 和 Python 的特性。OpenCV-Python 库利用了 Numpy 库，使用 MATLAB 样式的语法进行数值运算。所有 OpenCV 数组结构都可以与 Numpy 数组相互转换。

3．MediaPipe 基础

MediaPipe 是由 Google 开发并开源的数据流处理的机器学习应用开发框架。它是一个基于图的构建机器学习管线的框架，用于构建使用多种形式的数据源，如视频、音频、传感器数据及任何时间序列数据。

与 Google 的另一开源框架 TensorFlow 比较，MediaPipe 更兼具轻量性的优点，它提供端到端的加速，对硬件设备的要求不高，方便在普通硬件中使用；它只需一次构建，即可随处部署，统一的解决方案适用于 Android、macOS、桌面/云、Web 和物联网；它是即用型解决方案，提供机器学习解决方案；它还是 Apache 2.0 下的框架和解决方案，完全可扩展和可定制。

MediaPipe 提供的丰富的机器学习解决方案包括人脸检测、面部网格、虹膜标记、手部检测、姿态标记、整体预测、头发分割、物体检测、盒子追踪、即时运动追踪、3D 物体检测和特征匹配等。

8.3.3　基于单目摄像头的动作实现方法

前面已经介绍了模型设计的实现，本节关注算法研究、Python 整合与 Maya 融合。

1．OpenCV 模块实现

先在 Python 环境下安装 OpenCV-Python 库，使用 pip install opencv-python 命令即可，如图 8-16 所示。

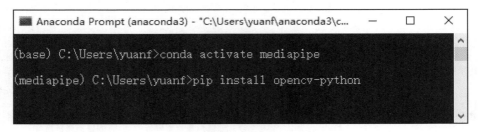

图 8-16　安装 OpenCV-Python 库

使用 OpenCV 操作单目摄像头，如开启摄像头、获取视频信息等，代码示例如图 8-17 所示。

```
opencv.py > ...
    import cv2
    import cv2#引用库
    cap = cv2.VideoCapture(0)# 开启摄像头
    videoname = './video_out.mp4'
    fourcc = cv2.VideoWriter_fourcc(*'X264')
    writer = cv2.VideoWriter(videoname, fourcc, 1.0, (1280,960),True)

    while(True):
        ret, frame = cap.read()      # 获取图像信息数据
        print('开始获取视频信息，视频信息的数据为')
        print(frame)
        writer.write(frame)
        cv2.imshow('frame',frame)# 显示结果图像
        if cv2.waitKey(1) & 0xFF == ord('q'):
            break
    writer.release()
    cap.release()# 结束摄像头的使用
    cv2.destroyAllWindows()# 释放摄像头
```

图 8-17　OpenCV 模块代码示例

运行代码后就可以调用单目摄像头来实现获取、保存视频信息等功能了，效果如图 8-18 所示。

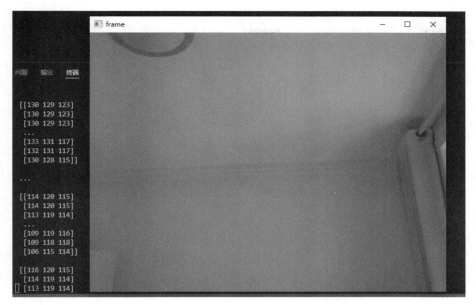

图 8-18　运行效果

2．MediaPipe 模块实现

MediaPipe 模块的安装与 OpenCV 模块类似，使用 pip install mediapipe 命令即可，如图 8-19 所示。

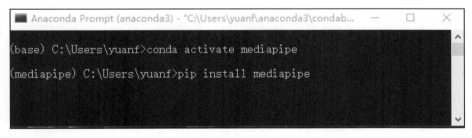

图 8-19　安装 MediaPipe 模块

MediaPipe 模块是实现动作捕捉的关键。此处使用 MediaPipe Pose 解决方案，它是一种用于高保真人体姿态跟踪的机器学习解决方案。

MediaPipe Pose 的核心是检测器。先在帧内定位姿势感兴趣区域（ROI），使用 ROI 裁剪帧作为输入来预测 ROI 内的姿势标志和分割掩码，再在姿态检测模型中进行预测跟踪，从而实现动作的检测目的。

此处使用的模型是姿势地标模型，MediaPipe Pose 中的地标模型可预测 33 个姿势地标的位置，如图 8-20 所示。

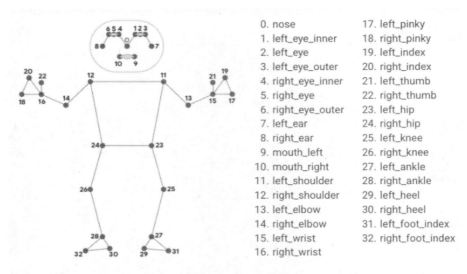

0. nose	17. left_pinky
1. left_eye_inner	18. right_pinky
2. left_eye	19. left_index
3. left_eye_outer	20. right_index
4. right_eye_inner	21. left_thumb
5. right_eye	22. right_thumb
6. right_eye_outer	23. left_hip
7. left_ear	24. right_hip
8. right_ear	25. left_knee
9. mouth_left	26. right_knee
10. mouth_right	27. left_ankle
11. left_shoulder	28. right_ankle
12. right_shoulder	29. left_heel
13. left_elbow	30. right_heel
14. right_elbow	31. left_foot_index
15. left_wrist	32. right_foot_index
16. right_wrist	

图 8-20　MediaPipe 姿势地标图例（来源于 MediaPipe 官网）

　　MediaPipe Pose 地标模型在真实世界中的 3D 坐标示例如图 8-21 所示，其在 Python 中的输出名为 POSE_LANDMARKS，在 Python 中是一个可序列化的输出列表，包含 x、y、z、visibility 四个关键变量。其中，x 和 y 分别代表图像的宽度和高度；z 表示以臀部中点深度为原点的地标深度，值越小，地标离照相机越近；visibility 表示地标在图像中可见（存在且未被遮挡）的可能性。将这些结果导出后可在 Maya 中用于动画的制作，进一步实现骨骼的绑定，从而为动作拟合做准备。MediaPipe Pose 模块代码示例如图 8-22 所示。

图 8-21　MediaPipe Pose 地标模型在真实世界中的 3D 坐标示例（来源于 MediaPipe 官网）

```
mediapipetest.py > ...
1  from traceback import print_tb
2  import cv2
3  import mediapipe as mp
4  mp_drawing = mp.solutions.drawing_utils
5  mp_drawing_styles = mp.solutions.drawing_styles
6  mp_pose = mp.solutions.pose
7  # For webcam input:
8  cap = cv2.VideoCapture(0)
9  with mp_pose.Pose(
10     min_detection_confidence=0.5,
11     min_tracking_confidence=0.5) as pose:
12   while cap.isOpened():
13     success, image = cap.read()
14     if not success:
15       print("Ignoring empty camera frame.")
16       # If loading a video, use 'break' instead of 'continue'.
17       continue
18     # To improve performance, optionally mark the image as not writeable to
19     # pass by reference.
20     image.flags.writeable = False
21     image = cv2.cvtColor(image, cv2.COLOR_BGR2RGB)
22     results = pose.process(image)
23     for id, lm in enumerate(results.pose_landmarks.landmark):
24         print("frame={},x = {}, y = {}, z = {}".format(id,lm.x, lm.y, lm.z))
25         # 关键点可视化
26     # Draw the pose annotation on the image.
27     image.flags.writeable = True
28     image = cv2.cvtColor(image, cv2.COLOR_RGB2BGR)
29     mp_drawing.draw_landmarks(
30         image,
31         results.pose_landmarks,
32         mp_pose.POSE_CONNECTIONS,
33         landmark_drawing_spec=mp_drawing_styles.get_default_pose_landmarks_style())
34     # Flip the image horizontally for a selfie-view display.
35     cv2.imshow('MediaPipe Pose', cv2.flip(image, 1))
36     if cv2.waitKey(5) & 0xFF == 27:
37       break
38  cap.release()
```

图 8-22　MediaPipe 模块代码示例

运行代码后实现了使用 MediaPipe 模块追踪动作，效果如图 8-23 所示。

图 8-23　MediaPipe 模块效果

3．系统整合

下面对系统进行整合，系统整合流程如图 8-24 所示。

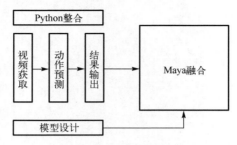

图 8-24　系统整合流程

在 Python 中整合的代码示例如图 8-25 所示。

```python
from traceback import print_tb
import cv2
import mediapipetest as mp
mp_drawing = mp.solutions.drawing_utils
mp_drawing_styles = mp.solutions.drawing_styles
mp_pose = mp.solutions.pose
f = open("./result.txt",'a')
# input:
cap = cv2.VideoCapture("./test.mp4")
with mp_pose.Pose(
    min_detection_confidence=0.5,
    min_tracking_confidence=0.5) as pose:
  while cap.isOpened():
    success, image = cap.read()
    if not success:
      print("Ignoring empty camera frame.")
      # If loading a video, use 'break' instead of 'continue'.
      continue
    # To improve performance, optionally mark the image as not writeable to
    # pass by reference.
    image.flags.writeable = False
    image = cv2.cvtColor(image, cv2.COLOR_BGR2RGB)
    results = pose.process(image)
    for id, lm in enumerate(results.pose_landmarks.landmark):
        print("frame={},x = {}, y = {} z = {}".format(id,lm.x, lm.y, lm.z))
        # Save result
        f.write("frame={},x = {}, y = {} z = {}".format(id,lm.x, lm.y, lm.z))
        f.write("\n")
    # Draw the pose annotation on the image.
    image.flags.writeable = True
    image = cv2.cvtColor(image, cv2.COLOR_RGB2BGR)
    mp_drawing.draw_landmarks(
        image,
        results.pose_landmarks,
        mp_pose.POSE_CONNECTIONS,
        landmark_drawing_spec=mp_drawing_styles.get_default_pose_landmarks_style())
    # Flip the image horizontally for a selfie-view display.
    cv2.imshow('MediaPipe Pose', cv2.flip(image, 1))
    if cv2.waitKey(5) & 0xFF == 27:
      break
cap.release()
```

图 8-25　Python 整合代码示例

运行代码，实现使用 Python 整合动作追踪。由于最终的动作拟合在 Maya 中进行，所以需要把结果数据导出到外部文件中以便调用。最终的 Python 整合效果如图 8-26 所示。

图 8-26　最终的 Python 整合效果图

下面在 Maya 中实现最终的动作。

导入前面 DAZ Studio 中构建的模型，导入效果如图 8-27 所示。

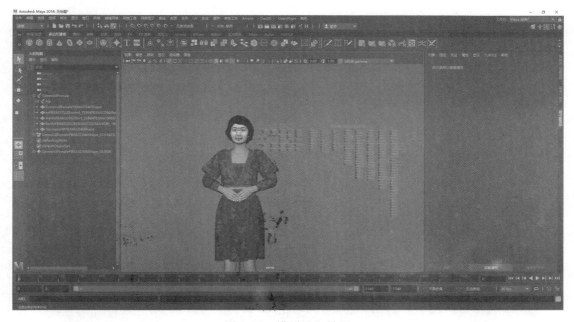

图 8-27　模型导入效果

Python 整合模块输出的数据格式文件排列顺序为：frameNumber、Xtranslation、Ytranslation、Ztranslation。编写相关代码导入动画，核心代码如图 8-28 所示。

```
sk.mel    sk.py    +
1  global proc getResultToAnim(string $fileName, string $objectName)
2  {
3  $fileId=`fopen $fileName "r"`;
4  string $nextLine = `fgetline $fileId`;
5  while ( size( $nextLine ) > 0 ) {
6      string $rawAnimArray[];
7      tokenize ($nextLine, " ",$rawAnimArray);
8      print $rawAnimArray;
9      float $frame=$rawAnimArray[0];
10     float $x=$rawAnimArray[1];
11     float $y=$rawAnimArray[2];
12     float $z=$rawAnimArray[3];
13     currentTime $frame ;
14     setAttr ($objectName+".tx") $x;
15     setKeyframe ($objectName+".tx");
16     setAttr ($objectName+".ty") $y;
17     setKeyframe ($objectName+".ty");
18     setAttr ($objectName+".tz") $z;
19     setKeyframe ($objectName+".tz");
20     $nextLine = `fgetline $fileId`;
21     }
22  fclose $fileId;
23  }
24  getResultToAnim(result,slekleton1)
```

图 8-28　导入动画核心代码

导入动画后需要对骨骼进行绑定。骨骼动画是模型动画中的一种（另一种是顶点动画），包括骨骼和蒙皮。模型是由 mesh（网格）组成的，骨骼之间相互连接组成骨架（连接处称为关节），改变骨骼的朝向和位置可以生成动画。蒙皮是指把 mesh 的顶点附着在骨骼上，并且每个顶点可以由多个骨骼控制。

要完成动作需要操作关节进行相关变化，即使用关节变形一个"绑定"的模型。

在 Maya 的 Skeleton 菜单下可以找到关节相关命令，如图 8-29 所示。

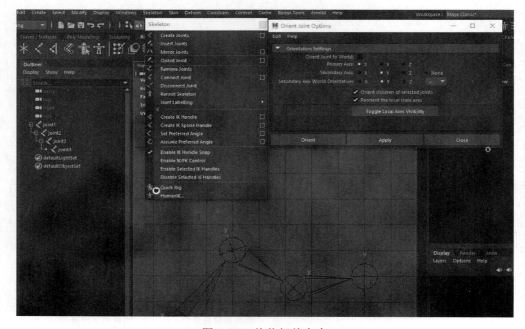

图 8-29　关节相关命令

绑定是一件有挑战的事情，需要制作者有足够的耐心和好奇心。完成所有绑定，就基本实现了基于单目摄像头的动作，最终效果如图 8-30 所示。

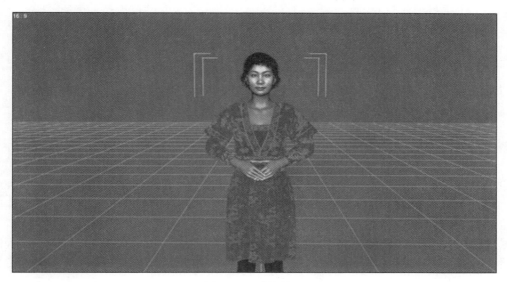

图 8-30　最终效果

展 望 篇

第9章
虚拟主播的未来展望

前面讲述了虚拟主播的起源、发展、前景及实现，本章主要讲述作者对虚拟主播的未来展望。本章先介绍本书所制作的虚拟主播的不足之处，希望读者在此基础上能有新的想法，对自己开发的虚拟主播进行完善或升级；再立足当下，展望未来，介绍虚拟主播在未来发展中会面临的挑战及应用前景。虚拟主播与传统主播之间的"较量"究竟是"取代"还是"融合"呢？虚拟主播未来的创新性又在哪些方面呢？期待读者在阅读完本章后能有自己的思考与答案。

9.1 虚拟主播的不足

综合来看，虚拟主播这类虚拟角色，与新闻主播、主持人等真人相比，既有鲜明突出的优势，又因现阶段技术等因素的限制而存在不足。对本书所制作的虚拟主播，下面从外表、行为与交互三方面论述其存在的不足。

1. 外表：整体拟人化程度仍需提高

外表即外在表现力，包括人的外貌、穿着等。第 5 章对真人版 3D 人物模型的构建，尤其是 3D 真人面部的构建进行了详细讲解，由此构建出的较为真实的人脸模型，不仅体现在外表上的面部拟人化，而且体现了包括发型、服饰等一系列真人视觉的效果。2022年 1 月 1 日，湖南卫视的全新节目《你好星期六》启用的 AI 主持人"小漾"，以邻家妹妹形象出现，成为当晚的"流量密码"，如图 9-1 所示。

图 9-1　湖南卫视 AI 主持人"小漾"（来源于小漾官方微博）

由此可见，"小漾"较高的拟人化形象让观众更容易接受。同样，在对虚拟主播推广、上线及商业化的道路上，也需要提升其外表形象。更贴近生活的人物设定，在增强节目效果的同时，也可以让观众在潜移默化中接受其作为"真人"主播存在，这对观众来说更容易接受。因此，在外表制作方面需要更加真实化、拟人化，虚拟主播在此方面仍需不断完善。

2．行为：缺少创造性、艺术性思维

行为是通过思想支配做出的相应活动，包括动作、发声等。第 6 章和第 8 章分别介绍了如何实现虚拟主播的声音与动作，但这与构造一位真正可以完成新闻播报任务的虚拟主播还存在一定距离。虚拟主播的声音通过语音合成技术能达到人声一致，但新闻主播通过面部微表情所表现出的新闻稿字里行间的情感，并没有在虚拟主播中体现出来，这是因为虚拟主播没有具备相应的思考能力；虚拟主播的动作通过动作捕捉设备实现，可使虚拟主播实时展现真人的动作，但这也只是一种模仿，并没有真的属于虚拟主播，体现出它缺少创造性、艺术性思维。

通过深度学习技术，结合庞大的数据库与相应的复杂算法训练来完善虚拟主播，可以使其具备一定的思维能力，给予其创造性、艺术性思维，改善虚拟主播在思维方面的不足之处。

3．交互：缺乏情感交流互动

交互其实就是人与人之间的联系。在面对面的采访环境中，采访者与受访者通过双向、实时的沟通与交流，进行人际传播的还原。随着智能语音技术的不断进步与发展，观众可以通过智能终端等设备与虚拟主播进行智能交互。相关数据表明，充满交互性的节目架起了观众与虚拟主播之间的沟通桥梁，观众的交互体验得到提升的同时，无形之中也增加了其对节目的黏性。然而虚拟主播的交互模块仍需不断完善，因为交互是提升虚拟主播拟人化的重要一步。具备情感交互的虚拟主播在观众眼中，不仅仅是一个虚拟形象，更像是生活中的真人主播，可以让观众对虚拟主播产生强烈的亲近感，从而使其更好地履行主播责任，高效地完成新闻信息的传播工作。

9.2 虚拟主播的未来发展

9.2.1 虚拟主播面临的挑战

1．技术挑战

（1）降低技术开发成本

虚拟主播的诞生涉及多种技术共同开发，技术的配套设备成本较高。例如，虚拟主

播逼真化的视觉设计需要使用动作捕捉、表情捕捉、实时渲染等设备，少则数万元，多则达上百万元，几分钟的视频制作成本可能超过 100 万元，对一些爱好者或小型团队来说，如此高的开发成本，几乎难以负担。

本书制作的虚拟主播虽然成本低，但是距离生成外形接近真人的虚拟主播还有一定距离。因此，如何降低技术开发成本，实现高保真虚拟主播，是目前一些团队研发的重点。解决该问题后，可以批量化生成虚拟主播，在较低成本的条件下将其融入传媒领域，形成可持续发展的商业模式。

（2）提升深度学习效能

人工智能时代，在技术层面，虚拟主播内部可以存储精确的数据与大量的知识，如何使虚拟主播更好地学习这些内容，提升其感知、理解、决策和表达能力，需要提升深度学习的能效。

深度学习能效的提升主要包括改进算法与增加存储空间两方面。目前虚拟主播的深度学习算法应用于对新闻稿件的真人语音转播，模拟真人口型、动作的生成，在感知与表达方面已经取得了一定成果。想让虚拟主播在理解与决策方面实现能力提升，就需要相关算法的增加与改进。同时，虚拟主播理解并做出决策的基础是一个充足的存储空间，其中存储需要它学习和理解的内容。有了充足的存储空间，可以 24 小时不间断学习的虚拟主播就能理解并掌握更多知识。在相应算法的加持下，提升其深度学习能效，实现"完美主播"指日可待。

2．社会道德伦理的价值规范挑战

与主持人相比，虚拟主播不具备自我意识，缺乏明确的价值观立场，没有同情心和同理心，不能理解社会道德伦理等规范，这使虚拟主播容易出现道德伦理层面的问题。例如，在灾难报道中，新闻主播会因伤亡人数的上升而情绪变得沉重，在极度悲伤的情绪中声音会颤抖，甚至哽咽却仍在坚持播报，这是虚拟主播目前无法企及的。

总体来说，现阶段的虚拟主播是人类利用 AI 技术创造出来的"工具"，只能按照设计好的程序和规定好的逻辑处理相应事件，并不能在复杂的情况下依据社会伦理道德做出判断或给出反馈。

从本质上看，虚拟主播在社会道德伦理层面的价值规范挑战是"人性化"应用的社会发展需求。该问题的解决方式，若从责任角度出发，则要从国家安全、社会秩序、公民权利来完善；若从对策角度出发，则要从底线伦理、技术限制、制度规范来实践。

3．拓宽应用领域范围的挑战

目前的虚拟主播多集中于"二次元"领域，导致虚拟主播应用领域范围受到约束，缺少大众化、普适性更强的产品，也间接导致了观众接受程度低、营销推广相对困难。

应对拓宽应用领域范围的挑战，提出了定制化、场景化的应用。

（1）定制化的"智慧人"

3D 重建、语音识别等 AI 技术的应用，进一步推动虚拟主播扩大其应用领域，定制化服务将成为其广泛应用在人们生活的一大推动力。

虚拟主播可根据观众画像结合相应算法实现定制化"智慧人"。例如，北京广播电视台发布的中国首个广播级智能交互服务者"时间小妮"将接入"北京时间"App，为用户提供智能化信息交互服务。

定制化应用于虚拟主播开发中，将赋予其"智慧"与"思考"的能力，使其成为"智慧人"。未来，它们不仅仅作为浅层信息的传播者，更将成为深层信息的处理者。

（2）场景化的"陪伴者"

目前，大多虚拟主播仅应用于新闻播报单一场景；未来，虚拟主播还可以扩宽其应用领域至医疗、教育、文旅等多元场景。

开发虚拟主播"陪伴者"的角色，使其通过主动、多元的社交行为，实现与用户深层次、场景化、陪伴性的情感交互。例如，虚拟主播通过对外形、性别、年龄甚至人物性格的改变来适应场景的变化，以"陪伴"为中心目标，融入用户的日常生活中。

未来，人们更渴望长期的情感陪伴，作为场景化的"陪伴者"，虚拟主播可通过精准的情感分析与交互识别进行有效的陪伴交互，与用户建立高效的情感级联，成为用户可信赖的智能主体。

9.2.2 虚拟主播的发展前景

1. 虚拟主播的应用前景分析

（1）构建个性化人格与形象，深入人们的生活

随着生活质量的不断提升，人们越来越追求艺术审美领域的多样化发展。对虚拟主播进行个性化人格与形象的构建，将成为未来发展的一大重点。

目前大部分虚拟主播是通过对真人声音、面部表情、肢体动作的提取与融合制作而成的，服饰也是简单的纯色西装。随着科技的进步与人们审美水平的提升，在制作上更注重虚拟主播在样貌特征、衣着服饰、肢体语言风格、说话艺术等方面的把控，从而有效赋予虚拟主播人性化的性格与形象。拥有独一无二外形的虚拟主播将摆脱"模仿"的称号，作为一个具有独立人格的主播，吸引观众目光，逐渐融入并不断深入人们的生活中。

（2）技术发展加快，虚拟主播更智能

除需要增强其在艺术审美方面的特性外，虚拟主播自身的技术加持也是关键点。目前，国内已经开发并应用的虚拟主播，端庄、优雅、大方是"他们"的代名词，不过在

临场应变及真实环境的"对话"中，虚拟主播表现的交互性较低，这也是虚拟主播在未来发展道路上需要解决的技术难点。

未来，在技术的加持下，虚拟主播将更智能，智能化则意味其人性化的深层触达。随着虚拟主播的交互性增强，"他们"更具参与感，也更具"温度"。

（3）应用领域拓宽，积极传播正能量

互联网技术的发展，5G等新兴技术的出现，使得人们与互联网的关系越来越紧密。虚拟主播可以通过相关技术获取大数据信息，对用户群体进行有效分析、精准定位，并对其需求进行个性化定制，以此拓宽其应用领域。

虚拟主播的全新的信息传播方式，可以吸引未成年人的注意力，向其推送积极向上的新闻内容，帮助他们树立正确的价值观，传递积极向上的正能量。

例如，2021年新华社推出的AI虚拟记者"小诤"，在《我在空间站》节目中，向人们普及有趣的航空航天知识，播报航天员的日常工作，全方位讲述航天知识与趣闻，不仅帮助广大青少年树立正确价值观，传播正能量，而且在潜移默化中不断提升观众的文化素养与价值观念，对我国社会舆论起到了良好的导向作用。

2. 新闻业的人机耦合：优势互补与融合共生

在 AI 技术的支持下，虚拟主播一经出现，其发展和应用就成为业界讨论的热点话题，其中比较尖锐的话题是"虚拟主播未来是否会取代传统主播"，"取代"还是"融合"也成为人们争论和关心的焦点。

归根结底，虚拟主播要"服务于人"，而不是"取代于人"。虚拟主播在内容呈现、信息传播、赋能传统主播的同时，虚拟主播的"技术"赋能传统主播的"艺术"，可以促使传统主播高效地发挥自身优势。通过虚拟主播与传统主播的有效互补、良性融合，将会产生"1+1>2"的效果，因此"融合"才是促进播音主持行业的积极高效发展，有利于信息传播效率提升的最佳决策。

彭兰教授曾提到未来媒体的三大特征是"万物皆媒"、"人机共生"和"自我进化"，预示着协同发展和共同进步将成为传统人际主持与人工智能技术的主流趋势。AI技术的不断发展与应用，成为推动媒体转型发展的动力源泉，传统主播与虚拟主播的融合发展也将成为媒体行业发展的新方向。

虚拟主播与传统主播"融合"的优势如下所述。

（1）传播能力提升：虚拟主播与传统主播的相互促进

"在群体传播过程中，存在着一些把关人，只有符合群体规范或把关人价值标准的信息才能进入传播领域。"这是库尔特·卢因在《群体生活的渠道》中提出的观点。在融媒体时代，传统主播的主体传播角色已经从一个被动的"传声筒"变成一个主动的"把关人"。传统主播在传递信息时，塑造了自身的信息传播主体地位，不过，有一些传统主播在不同程度上存在片面的想法，如果仍停留在片面的思维中，将很快被思维一致、精准、稳定的虚拟主播所取代。因此，虚拟主播的出现促进传统主播不断完善自身，通过长期的学习及知识积累，提升自身文化底蕴，改变并拓宽思维空间。

拥有庞大数据库信息的虚拟主播，只需"输入文本"即可向公众传播信息。如何保障信息的权威性、发布权限等问题，是虚拟主播发展所面临的挑战。传统主播"把关人"的角色特征促进虚拟主播不断进行算法改进，以期在未来能更好地解决相关问题，与传统主播共同发展，协同工作。

（2）传播内容丰富：数据内容与情感资源的协同

传播内容的丰富程度取决于传播内容的存储容量及情感的协同表达，这恰恰是虚拟主播与传统主播二者之所长。在传播内容方面，虚拟主播可以为传统主播提供精确的数据与大量的知识存储；在情感表达方面，传统主播又可以弥补虚拟主播的不足。

随着云计算的快速发展，数据收集和存储能力达到了新的水平，虚拟主播可以通过强大的数据收集、整理及存储海量数据碎片的能力，为传统主播提供可靠的数据基础，传统主播据此播报新闻，弥补了虚拟主播在情绪与逻辑表述上的不足。通过智能交互可以形成功能强大且动态可扩展的信息资源平台。

目前的虚拟主播对一些不需要太多情感叠加的新闻播报内容可以实现高效的新闻播报，这依托于虚拟主播不被外界因素所影响，持续且不知疲惫的新闻播报能力，可以 24 小时无间歇产出新闻的优势。当虚拟主播负责这些新闻工作内容时，传统主播就可以投入一些更深入的、情感较多的需要更复杂分析的新闻播报创作与生产中。

在传播过程中，虚拟主播与传统主播有效结合、分工明确、各取所长，可以实现新闻内容的最优化传播。

（3）传播方式交互：大众化与分众化传播的统一

互联网技术的发展使信息传播更方便。目前，大众化的新闻传播方式使海量信息已经在各类媒介中出现新闻同质化且严重过载的现象。单一化、同质化的传播信息已经无法满足观众的不同需求，新闻分类、个性化的新闻推送与观看成为众多信息用户的迫切需求。

虚拟主播的出现，有效地将新闻细分化，如财经、社会、教育、文化、娱乐等，满足用户个性化的需求，甚至可以利用相关推荐算法进行个性化新闻推荐，以精准投放，为对应用户传播感兴趣的新闻信息，实现大众化与分众化两种新闻传播方式的统一。

虚拟主播与传统主播的"融合"促进传媒产业的转型发展和升级，内容生产与信息传播朝着人性化、个性化、具象化和自主创造性的方向发展，实现价值与功能的互补与共赢。

3．虚拟主播未来发展的创新性思考

（1）传播传统文化，弘扬中国精神

未来，虚拟主播结合深度学习算法可以深入地从我国优秀传统文化中汲取营养，深层次挖掘大众内心深处的想法，通过创新性新闻播报形式，传播我国传统文化，开创弘扬中国精神的新方法、新路线，加强人们的文化自觉与文化自信，提升大众对我国传统文化的喜爱程度，最终实现优秀传统文化的传承与发展。

（2）打造虚拟主播群体，呈现多种节目新形势

目前，虚拟主播一般以独立形象出现在人们视野中，最多不超过三人。在虚拟主播的未来发展中，可以打造虚拟主播群体，因为单一形式的播报主持难以给观众留下深刻印象，而虚拟主播群体的每位主播都将具有独特的个人标签，代表的风格、观点也都不同，这样的组合向观众传递节目理念与内涵，将对观众有着极大的吸引力，可以增强观众的黏性。

除了虚拟主播群体的打造，虚拟主播在多种节目中出现也将成为其应用新模式。未来，虚拟主播不仅能在演播室中播报新闻，还能走出直播间，应用于综艺、访谈等更多的节目类型中，以此实现对虚拟主播的全方位、立体化塑造，促进其多方位、智能化、高效性的发展。

虚拟主播的出现为传媒产业的发展带来新机遇，也为新闻报道注入科技创新力，彰显了前沿科技服务于主流价值传播的使命与担当。随着科学技术的优化与更新，虚拟主播将应用于更丰富的场景，以更生动的展现形式，表现出更具有交互性的应用效果，为观众带来全新的交互体验。

参 考 文 献

[1] 杨博雄. 深度学习理论与实践[M]. 北京：北京邮电大学出版社，2020.

[2] 侯伦青. TensorFlow 从零开始学[M]. 北京：电子工业出版社，2020.

[3] 李开复，王咏刚. 人工智能[M]. 北京：文化发展出版社，2017.

[4] 李梅，范东琦，任新成，等. 物联网科技导论[M]. 北京：北京邮电大学出版社，2015.

[5] 李孟全. TensorFlow 与自然语言处理应用[M]. 北京：清华大学出版社，2019.

[6] 马飒飒. 人工智能基础[M]. 北京：电子工业出版社，2020.

[7] 陈晓华，吴家富. 人工智能重塑世界[M]. 北京：人民邮电出版社，2019.

[8] 王健宗，瞿晓阳. 深入理解 AutoML 和 AutoDL 构建自动化机器学习与深度学习平台[M]. 北京：机械工业出版社，2019.

[9] 王晓霞. 媒介融合背景下纸媒的生存与发展[M]. 长春：吉林文史出版社，2017.

[10] 党东耀. 区域文化与传播：传媒经济研究、发展与未来[M]. 上海：复旦大学出版社，2016.

[11] 艾媒咨询. 2022 年中国虚拟人行业发展研究报告[Z].

[12] 察思虚拟人学院. 2022 察思虚拟人 VRAR 深度行业报告[Z].

[13] 量子位. 2021 年虚拟数字人深度产业报告[Z].

[14] 中国传媒大学. 中国虚拟数字人影响力指数报告 2021[Z].

[15] 邵常清. 人工智能的十大应用领域[J]. 张江科技评论，2021(5)：6-7.

[16] 赵朝. 物联网智能家居发展探究[J]. 智能建筑与智慧城市，2021(10)：129-130.

[17] 孙冰. 虚拟艺人批量出道 AI 有智商有情商[J]. 中国经济周刊，2021(19)：108-109.

[18] 张婧. AI 合成主播：播音主持行业的"危"与"机"[J]. 视听界，2021(4)：111-113.

[19] 王子潇. 人工智能视域下播音主持工作者的职能升级[J]. 新闻研究导刊，2021，12(11)：39-41.

[20] 于剑. 图灵测试的明与暗[J]. 计算机研究与发展，2020，57(5)：906-911.

[21] 李亚铭，李阳. AI 主播与受众关系的建构[J]. 青年记者，2019(35)：30-31.

[22] 王之娟. 5G 时代下的媒体融合创新[J]. 中国发明与专利，2019，16(9)：41-47.

[23] 吴哲. 影视制作中的 CG 技术应用[J]. 数字通信世界，2019(5)：216.

[24] 邹林波. 基于特征分块的三维人脸自动建模方法研究[D]. 西北大学，2018.

[25] 靳宏伟. 基于形变模型的多视图人脸图像的三维重建[D]. 西北大学，2018.

[26] 张如如，葛广英，申哲，等. 基于双目立体视觉的三维重建方法[J]. 扬州大学学报（自然科学版），2018，21(3)：5-10.

[27] 安高翔. 面向彩色图像的人脸特征点定位算法研究[J]. 软件导刊，2018，17(7)：103-107.

[28] 王刚，牛宏侠. 融合全局与局部特征的贝叶斯人脸识别方法[J]. 计算机工程与应用，2019，55(11)：172-178.

[29] 何姗姗. 基于双目立体视觉的视线跟踪算法研究[D]. 重庆大学，2017.

[30] 司徒亨哥. 基于图片的三维人脸自动生成与编辑算法研究[D]. 华南理工大学，2018.

[31] 刚家林. 虚拟现实技术在现代生物医学领域的应用[J]. 电子世界，2017(1)：81-82.

[32] 关钰婷.《阿丽塔：战斗天使》：数字技术支撑下的造型艺术[J]. 电影文学，2019(12)：100-102.

[33] 姜檀. 影视动画生产制作中 CG 技术的应用研究[J]. 艺术教育，2019(2)：122-123.

[34] 刘豫军，夏聪. 孤立词语音识别技术及其应用前景分析[J]. 网络安全技术与应用，2014(8)：102-103，105.

[35] 冯志伟. 自然语言问答系统的发展与现状[J]. 外国语（上海外国语大学学报），2012，35(6)：2-16.

[36] 石磊. 媒介融合语境下媒介产品生产模式之变[J]. 四川师范大学学报（社会科学版），2010，37(6)：51-54.

[37] 韩剑波. 基于 DSP 的语音编码识别系统的设计与研究[J]. 制造业自动化，2010，32(10)：216-218.

[38] 中国信息通信研究院云计算与大数据研究所，赵强. 助力 AI 腾飞，深度学习走向何方？[N]. 人民邮电报，2019-01-31(7) .

[39] 王跃. 基于汉语协同发音模型的文本驱动三维口型动画合成研究[D]. 山东财经大学，2014.

[40] 张石清，李乐民，赵知劲. 人机交互中的语音情感识别研究进展[J]. 电路与系统学报，2013，18(2)：440-451，434.

[41] 陈思. 基于视频驱动的面部表情实时模拟研究与实现[D]. 电子科技大学，2017.

[42] 顾亚平. 基于智能语音交互技术的智慧语音助理系统实现[D]. 南京邮电大学，2015.

[43] 苏创宏. 语音和表情图像特征融合的情感识别方法研究[D]. 暨南大学，2018.

[44] 路婷婷. 基于语音和人脸表情的多模态情感识别算法研究[D]. 西北大学，2018.

[45] 黄明阳. 基于实时表情驱动的三维人脸模型控制研究[D]. 哈尔滨工程大学，2018.

[46] 贾俊佳，蒋惠萍，张廷. 多模态情感识别综述[J]. 中央民族大学学报（自然科学版），2020，29(1)：54-58.

[47] 周肖肖. 基于多模态融合的情感计算研究[D]. 西安邮电大学，2018.

[48] 顾日国. 多模态感官系统与语言研究[J]. 当代语言学，2015，17(4)：448-469.

[49] 王冰灿. Adobe Premiere 软件在影视后期课程中的应用与实践[J]. 传播力研究，2018，2(33)：148-149.

[50] 何国威. 从动作捕捉到虚拟偶像：计算机技术对演员及电影娱乐生态的发生与重构[J]. 当代电影，2022，(1)：72-81.

[51] 任万霞. 动作捕手刘昊扬[J]. 北京观察，2022，(5)：62-65.

[52] 刘宇洋，周子怡. 浅析动作捕捉技术在影视动画作品中的应用[J]. 今古文创，2022，(13)：99-101.

[53] 焦垚楠. 动作捕捉技术在电影领域的应用发展研究[J]. 现代电影技术，2020，(6)：6，26-30.

[54] 郝昌. 基于 AI+动作捕捉技术的虚拟主播体感交互系统的设计与实现[J]. 广播与电视技术，2019，46(10)：48-52.

[55] 纪鹏. 动作捕捉在影视作品中的应用[J]. 中国新通信，2018，20(5)：232.

[56] 孙树霖. 人工智能在计算机网络中的应用[J]. 计算机与网络，2020，46(7)：45.

[57] 万艳，王雪梅. 智媒时代 AI 主播的生成与启示[J]. 青年记者，2019(26)：8-9.

[58] 本刊综合. AI 合成主播闪亮登场[J]. 发明与创新（大科技），2019(5)：34-35.

[59] 熊浩然. 搜狗 AI 赋能，拓展经济发展新空间[J]. 网络传播，2019(5)：30-31.

[60] 熊跃军. 电子信息工程技术在工业领域的应用现状及发展趋势[J]. 通讯世界，2019，26(09)：57-58.

[61] 齐雅文. 虚拟主播：如何用先进技术更好服务新闻报道[N]. 中国新闻出版广电报，2022-05-24(005).

[62] 卢家银. 数字化生存中的伦理失范、责任与应对[J]. 新闻与写作，2020(12):28-34.

[63] 崔洁，童清艳. 解构与重构："人格化"虚拟 AI 新闻主播再思考[J]. 电视研究，2022(2):62-64.

[64] 赵恒，王楚. 虚拟主播在新闻报道中的应用探析——以湖北日报《两会楚楚说》节目为例[J]. 新闻前哨，2021(11):68-69.

[65] 周帅. 虚拟主持人发展研究[D]. 东北师范大学，2021.

[66] 徐曼，王紫菡. AI 虚拟主播的传播价值与发展空间探究[J]. 新闻研究导刊，2022，13(3):10-12.